だから日本の政治はつまらない

グットマン ティエリー
グットマン 佳子
Guthmann, Thierry
Guthmann, Yoshiko

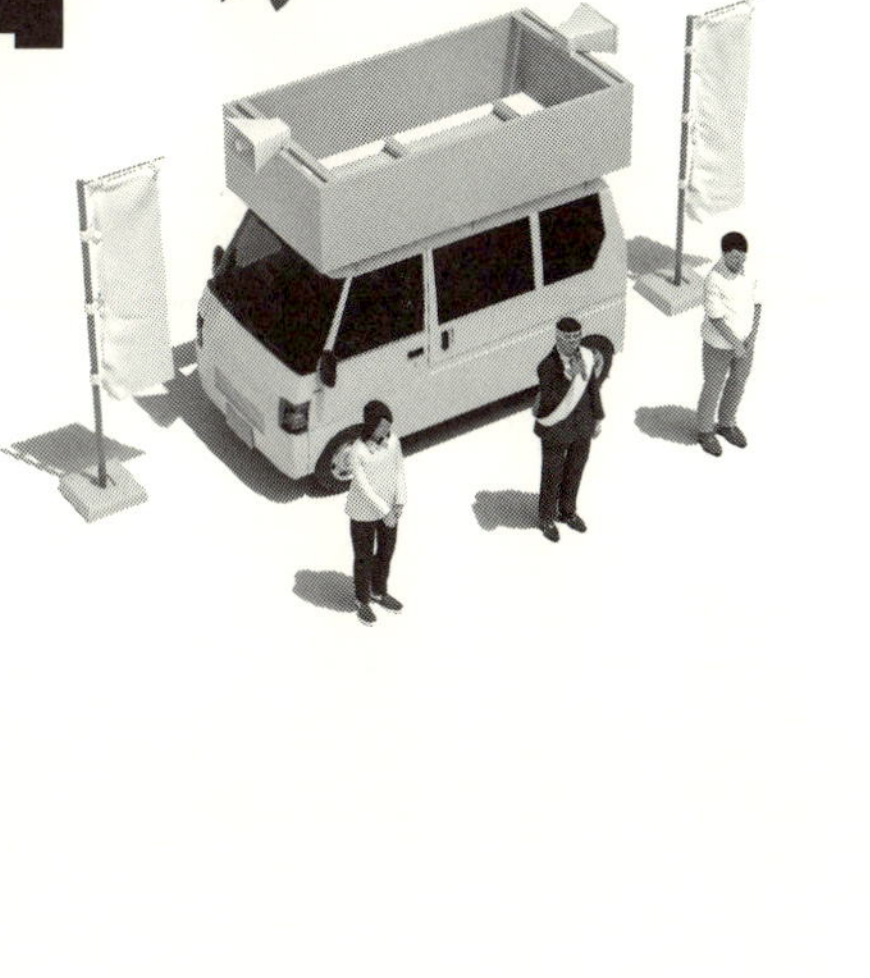

フランスとの
比較でみる
日本政治の
構造的欠陥

花伝社

だから、日本の政治はつまらない——フランスとの比較でみる日本政治の構造的欠陥◆目次

謝辞

この本を執筆するに当たり、様々な方からアドバイスを頂いた。中でも、芳野正英氏、栗原茜氏、樋口龍馬氏、の御三方にはインタビューのためお時間を割いていただいた。また岩本美砂子氏は原稿に目を通し貴重なアドバイスをして下さった。ここで改めて感謝の気持ちを表したい。

なお、本文中で述べられている提案や意見は全て我々の考えた事であって、この四方の意見ではありません。

はじめに

40年近く続いた55年体制（国会で議席の過半数を押さえる自民党に対して、第一野党の社会党を始めとする野党議席の合計が3分の1強を押さえて対峙する構造）が崩れたのは1993年の細川政権であった。8党からなる連立政権であった細川政権は1年足らずの短命であったが、その後2009年に再度自民党が民主党鳩山・菅・野田政権に政権の座を譲った時、ようやく日本も定期的に政権交代の起こる一人前の民主主義国家に成長してきたと多くの人が思ったはずである。しかしその後、日本政治は自民党一強体制に突入してしまった。現在日本の有権者は、政権交代の可能性の低い状態で「日本政治＝自民党内の派閥争い」というレベルの低い政治ごっこを見せられている。

そんな日本を横目に、諸外国ではここ20～30年で「政治家と言えば中・高年男性」というイメージは払拭され、若年層、女性の政治参加が進んだ。2020年9月に自民党菅義偉政権が誕生した際には、中高年男性中心の内閣と高齢男性がずらっと並ぶ執行部の写真が、30代の女性首相を中心に老若男女が並ぶ（女性：男性＝2：1と女性が多い）同時期のフィンランド内閣の写真と比較され、新聞やネット上でも話題となった。[1] 日本政治の遅れが視覚的に強烈に印象付けられ、なぜ日本政治だけ変わらないのかと嘆き、また諦めてしまった人も多いのではないだろうか。

確かに、今のパーティー券裏金問題のような与党の要職に就く大勢の議員が不正に関わっていたことが明らかになった場合、他の民主主義国家なら当然政権交代が起こる可能性が高い。が、日本ではこれだけのスキャンダルが起こっても、政権交代ではなく岸田内閣が退陣するかどうかという次元の話であり、「次の選挙で政権交代は避けられないね」という話には発展しない。「日本は野党が頼りないから」という声も聞くが、理由にならない。野党が頼りなくても、与党がこのレベルのスキャンダルを連発すれば、「腐りきった現政権よりまだまし」ということで政権交代の話が現実味を帯びても良いはずだ。

フランスでも、現大統領のマクロンは、2017年に大統領に立候補した時点で国会議員はおろか地方議員の経験もなく、新党も大統領に立候補する数か月前に立ち上げたばかりだった。この時点でマクロンが大統領になるなどほとんど誰も予想していなかった。しかし、現職大統領である社会党オーランドがあまりの不人気ゆえに続投を諦め、本命候補である保守系第一野党共和党のフィヨンがまさかの金銭スキャンダルによって失墜するなか一気に浮上し大統選に勝利し、その後の国政選挙でも過半数の議席を勝ち取った。できたてほやほやのマクロンの新党に比べれば、日本の野党はよほどしっかりしているだろう。つまり、野党が頼りないというだけでは、政権交代が起こらないことの十分な説明にならない。

「野党は反対というばかりで対案がない」という意見も聞く。確かに2024年現在、政治の話題の中心と言えば「パーティー券裏金問題」である。さらに言えば「モリカケ問題」、「桜を見る会問題」「旧統一教会問題」等、近年、日本政治と言えば本題と違う案件でしか盛り上がらないことになっている。これらの問題を本題ではないと言い切ってしまっていいのか、という意見もあるだろう。しかしこれらの問題はいずれも自民党政権、そして安倍派をはじめとした派閥とそこに属する議員の政治家としてのモラルや資質を問うという次元の話であり、対案を出すような政策問題以前の話である。スポーツで言えば、競技の放映時間の大半がドーピングの話題で潰れているような状況だ。

ではなぜ野党は、国会での本題である、与党の展開する政策について対案を示し議論をする時間を減らしてまで、スキャンダラスな案件で与党の足を引っ張ることにここまで力を入れるのか。これは政策論争を理解し、優劣をつけ投票行動に反映するためには、有権者に政治への一定の関心と知識が求められるからである。つまり有権者の多くが政治に関心を持ち、選挙では公約や政策に共感して投票していなければならない。しかし、無視できない割合の国民が普段政治に関心がなく、また知識も持っておらず、社会ビジョンや政策よりも、政党や政治家個人の人柄や漠然としたイメージ（誠実そう、クリーン、信頼できそう、新しいことをしてくれそう）に基づいて投票している。このことを野党は薄々知っており、このような状況で政策論争によって支持を増やし政権交代にこぎつけることは容易ではないと感じている。そのため、政策論争についてこられない政治に無関心な有権者でも盛り上がれる、分かりやすくスキャンダラスな案件に固執してしまうと思われる。ゆえに、日本の国会で審議が本題からずれてしまう背景には、野党の力不足というよりも、平均的な国民の政治への無関心さに起因する知識不足があると考える。

では、国民が悪いのだろうか。民主主義である以上、政治に関心を持つという主権者としての責任を果たしていない国民に問題があるのか。ここで「日本人は政治に関心を持てず、民主主義制度を本来の形で機能させることができない劣等な民族なのだ」と自虐的になることは簡単である。巷ではこういう自虐的な説明が案外よく聞かれるのである。しかし、私たちは日本の有権者の政治への無関心さは、「日本政治」がつまらないということが最大の理由だと考える。誤解がないように繰り返すが、「日本人」がつまらないのでもなく、「政治」がつまらないのでもない。「日本政治」がつまらないのである。ここでいう政治とは、選挙や国会でのやり取りだけではない、私たちの日常生活の中の会話まで含めての政治である。[2]

なぜ政治は面白くなければならないのか。当たり前のことだが多くの人は面白いもの、面白いと言われるものに関心を持つ。そして関心があればその対象についての知識を持とうという気になる。知識が増えることでその対象をさらに楽しむことができる。勉強でも、先生の授業が面白い、面白いから自発的に予習をしていく、さらに授業がよく分かり、ますます面白くなるという好循環がおこることは理解できるだろう。

逆に関心の低下の悪循環も起こり得る。全く違う分野の話だが、大相撲はかつて茶の間の人気娯楽の一つだった。その時代には、おそらく多くの日本人がお気に入りの力士の一人や二人がおり、その日の取組の結果を気にしていたと思われる。しかし、他のプロスポーツの台頭とともに相撲は絶対的な地位を失った。何事もスピード化する時代において、一番一番の取組がゆっくりしており時代にそぐわないなど色々な要因はあったのだろうが、徐々に人々の関心も下がっていった。この頃（１９９５年）執筆者Tは来日し、相撲ファンになった。[3] 人々の相撲への関心が下がるに伴い相撲ダイジェスト等のテレビ番組も徐々に深夜へと押しやられ、関心はますます下がった。新弟子検査を受ける若者の数も減っただろう。そうなるとレベルも下がってくる。「下がった」[4]と言って見ないから相撲の現状が分からなくなる。今場所、誰が角番で誰が綱取りに挑戦するのか、そういう予備知識があるとないとでは、感じる面白さも違う。周囲の日本人と相撲について話がしたくとも、年配のかつての相撲ファンのかなりの人は「つまらないから見ない」と、決まり文句のように言うのである。若年層に至っては、最低限の見るべきポイントも分からないのだから、ちんぷんかんぷんである。

ところが、こんな「つまらないから見ない」のレッテルを貼られた相撲が、世間の注目を集めることがある。スキャンダルネタである。相撲部屋での暴力事件や力士と相撲協会の確執等が報道されると、普段は相撲に見向きもしないワイドショーでも事細かに詳細を伝え、コメントも普段相撲を見ない人のほうが厳しく批判するぐらいであった。が、それで相撲への関心が高まり大相撲の視聴率が上がるわけではない。むしろ、悪いイメージが上塗りされてますます人気が下がる。本題ではないスキャンダルネタでしか盛り上がらない、今の日本政治はまさにこの状況に陥っている。

「『面白いから関心を持つ』の好循環」に話を戻そう。ただ、つまらない日本政治に慣れ切ってしまった人にとっては、「政治が面白い」と言われてもピンとこないかもしれない。執筆者Tの母国フランスでは、政治は食卓の話題の一つであり、多くの人がその話題を楽しんでいる。

２０１７年の大統領選の年、ちょうど私たちは1年間フランスに滞在する機会を得、その選挙の様子を観察することができた。大統領選の半年前から徐々に雰囲気は盛り上がり、大統領選の候補者による討論番組の翌日はどこもかしこもこの話題で持ちきりであった。前述したように本命候補が金銭問題で失墜する中、国会議員でもないエマニュエル・マクロンが大統領選を勝ち、直後の国政選挙でも多数派を握るという、ある意味大きな変化があった。久々のフランス滞在で政治の楽しさを満喫したことが、帰国してから日本政治のつまらなさと、多くの日本人の政治への無関心さの相関関係を意識させ、この原因を掘り下げるきっかけになった。

この本において「日本政治」をつまらなくしている要因について論じる上で、比較参考の対象としてフランスの現状、制度を中心に紹介している。この点、若者の政治への関心が高いということで北欧諸国を比較の対象またお手本にすべきという意見もあるだろう。しかし、北欧諸国はどこも日本と比べて人口が少なく、その分当然国政を身近なものと感じやすいという点で前提条件が異なる（最も人口の多いスウェーデンが1000万人強、あとのノルウェー、フィンランド、デンマークは500万〜600万人程度、アイスランドは40万人弱）。また、選挙制度ではいずれも比例選挙を採用しており、制度面でも大きく違う。

これに対してフランスは、人口6000万人とそれなりの規模の国であること。早い段階から民主主義になった国の一つであり、またフランスの下院選挙では1958年に比例選挙制度から完全小選挙区制に変更しており、中選挙区から小選挙区制に変更した日本と似たような経緯を辿っているにもかかわらず、アメリカやイギリスのような2大政党[5]に収斂されることはなく、日本の有権者にとってなじみの深い複数政党制を保っている。現状はいずれが政権をとってもおかしくない規模の3つの政党、その他に緑の党（近年リヨンやボルドーなど大都市の市長を輩出）などの小政党も元気であり、日本にとって参考になる点が多いのではないかと考える。そして、当然ながら二人の執筆者のうち一人はフランス人であり、もう一人もそこに長期滞在の経験があり事情にくわしいということも、フランスを比較の対象にした大きな理由である。

本書の中心テーマは、「日本政治を面白くすることで、日本人の政治への関心を高めよう」というものだ。なので、第1章では、本当に日本人の政治への関心は低いのかということについて検討した。実は投票率だけ見ると日本は必ずしも圧倒的に低いわけではない。それでも、日本人の政治への関心が低いと我々が考える理由を述べている。第2章前半では、日本政治をつまらないものにしている制度上の問題を分析した。制度上の問題とは主に公職選挙法である。

第2章の後半では、この公職選挙法の問題点がなぜ何十年も放置されているのかについて考察した。第3章では、日本政治をつまらなくしている文化的原因について考察を加えた。第4章では、日本政治を面白く関心の持てるものに変えていくための制度面および文化面での提案をしている。

［注］

1　2020年9月22日、中日新聞（朝刊）、3頁「政治リーダー違いくっきり日本 高齢、男性ばかり フィンランド 女性多く30代もツイッターで話題」（写真有）

2　「『日本人』がつまらない民族だから、『日本政治』もつまらない」という理屈も一応成り立つが、それは否定する。なぜなら、芸術、スポーツ、科学、多くの分野で日本は特別つまらない国ではない。映画や小説など、面白い作品を作っているにもかかわらず、こと政治に限ってはつまらない（段違いのつまらなさである）。

3　これ以降、グットマン・ティエリー（Thierry フランス国籍）は執筆者T、グットマン・佳子（Yoshiko 日本国籍）を執筆者Yとする。

4　現実には、相撲に関心を持つ日本人の若者不足が招くレベルの低下を補うために、相撲協会は外国人力士の受け入れを容認した。そのため諸外国から集められた外国人力士が占める割合の高い上位に関しては、以前と比べてレベルが下がっているとは単純には言えない。しかし、日本人力士に関しては新弟子希望者の減少に伴いレベルの低下は避けられない。この現状を打開すべく、相撲協会は新弟子の採用基準を緩和したが、そのことでガッツのある魅力的な小兵が増え取組を面白くしている。

２大政党制を意識して日本は衆議院選挙で小選挙区制を導入（小政党の抵抗と、小選挙区で勝てない職業政治家の救済のため部分的に比例制を残している）。しかし、２大政党制は必ずしも複数政党制よりも優れた制度というわけでもない。２大政党制のイギリスでも、新しい思想、多様な思想の反映が難しいということから、２大政党制から脱却するために比例制を取り入れるべきではないかという議論がなされている。

第1章　数字で見る民主主義
――日本人は欧米人よりも政治に関心が無いのか

このような本を書くのだから、当然私たちは、フランス人は日本人よりも政治にもっと関心を持っていると考えている。そして、おそらくこの本を読んでいる多くの人も、日本人と比べて欧米人は政治への関心が高く積極的に参加しているというイメージを持っているのではないだろうか。そのことは数字上のデータに現れているだろうか。実は、政治への関心の高さを表す数字として最初に思いつく投票率・世論調査の結果等を比較してみると、意外なことにそれほどの差がないのである。例えば、フランスは国会議員選挙（下院、２０１２年）の１回目の投票率は57％であったのに対し、同年の日本の衆議院選挙は59％であった。さらに最近の数字を見ると、２０１７年の衆議院選挙は53％であったのに対し、フランスの同年の下院選挙１回目の投票率は49％だった。実は、日本の方が国民の選挙への参加率は若干高いぐらいである。

「全体の投票率はそうかもしれないが若者の投票率は日本の方が低いだろう」と考える人もいるだろう。その点も必ずしも明確な差が出ているわけではない。例えば、２０１７年の衆議院議員選挙に際して、日本の20歳代有権者の70％ぐらいが棄権したが、同年のフランスの下院選挙の一回目64％、2回目の投票に際しても70％ぐらいの18～34歳の有権者が棄権した。[1]

では、世論調査に基づく国際比較において、日本の若者の政治に対する関心度はどうなっているのだろうか。２０１８年の結果を見ると、他の国に比べて日本の若者はあまり政治に関心がないように見える。「あなたは、今の自国の政治にどのくらい関心がありますか」という質問に対し、日本の若者の43・5％は関心があると回答した。それに対してドイツの若者の70・6％、アメリカの若者の64・9％、フランスの若者の57・5％が関心があると回答している。14ポイント以上の差がみられるのである。

しかしながら、２００８年に内閣府が行った調査の結果は正反対だった。その時、58％の日本の若者は「政治に関心がある」と答えており、フランスの42・6％、イギリスの若者の33・2％と比べてはるかに多かった。[2] 世論調査の数字自体は、非常に流動的でまた相対的であるため当てにならない。流動的というのは、何か大きなスキャンダルなどの直後は数字が跳ね上がるかもしれない。また相対的というのは、「あなたは政治に関心があるか」と聞かれた場合、ものすごく関心がある人と全く関心が無い人以外は、周りを見渡し、「自分は関心があるほうかな、無いほうかな」と判断するだろう。だから社会全体の政治への関心が低ければ、大して関心が無い人でも、「割とあるほうかな」という自己評価をする可能性がある。

投票率については、実際多くの先進国で年々減少しており、投票率及び調査から若者は政治に対する関心が低いという日本同様の問題を抱えている。それならば、日本政治がつまらないせいで、日本国民の政治への関心が欧米よりも低いと考える本書の前提は間違っているのか。
しかし、私たちは、そのような数字のデータがあるにもかかわらず、「若者をはじめ日本人全般が欧米人と比べて政治に関心が無い」という多くの日本人が持っているイメージが現実に近いモノだと考えている。その見解を裏付ける結果は、投票率・世論調査の数字からすぐには見て取れない。しかし、これについては、数字だけから読み取ろうとすることの限界だと思うのである。

つまり、執筆者Tは30年前に留学生として来日し、その後大学で教鞭をとり現在に至るまでに経験したことから、大半の日本人はフランス人と比べて政治に関心がないということを肌で感じてきた。具体的に言えば学生同士の会話で、職場で、ホームパーティーで、政治の話で盛り上がることはほぼ無いに等しい。一方、フランスに帰るといろいろな場で政治を話題に、時に冗談交じりに、時に熱く議論が始まる。執筆者Yであるが、フランスに滞在した2年の間、子育てをしながら、ホームパーティーに誘った親子の会話、カフェの隣席のグループの会話、訪れた美術館の学芸員たちの会話、幼稚園のお迎えのママ友たちの会話等いたるところで、政治が話題にのぼることに驚いたのである。フランスでは、国民の日常生活において政治が実際に生きていると肌で感じるのである。それに比べて、日本では政治家の不倫や汚職などのスキャンダルネタを除くと、日常で政治が話題に上ることは非常に珍しい。一定の社会的地位を持つ中高年男性の集まりを除けば、政治の話題を持ち出す人は、良くて真面目な人、へたすると少し変人という見られ方をする。

この本を手にする人は多少なりとも政治に関心がある人だと思うが、日常で新作の映画の話をするように気楽に政治を話題に上らせている人は少ないのではないだろうか。フランスなら、前述したが大統領選の翌日は、ほぼ国民全員が一回はそれについて誰かと話をすると断言してもいい。それに対して、（実は今日は衆議院議員総選挙の投票日なのだが）、明日どれだけの人が職場や学校でその結果について話をするのだろうか。日本という国の未来を大きく左右するはずの総選挙であるが、おそらく職場がその話題で盛り上がったという人はほとんどいないのではないだろうか。このような日本の状況を眺めていると、政治は自分とは関係なく遠くで行われるものと考えている日本人の割合は相当高いと感じるのである。

また日本で暮らしていると、日常の生活から受ける印象と、意外と高い投票率という数字とのギャップの理由も見えてくる。このことが顕著になるのは低投票率の時である。

フランスの２０２０年全国市議会選挙（日本の統一地方選挙にあたる）[3]では、パリを筆頭に大都市は環境問題に積極的な左派市長がずらりと並ぶことになり、緑の党が大躍進した。しかし、「近年の気候危機という政治課題の浮上を背景に、フランスで一気に環境への意識が高まった」と単純には言えない。実は、この選挙は左派の大躍進という特徴の他に、ＣＯＶＩＤ-19の影響で歴史的な低い投票率（第1回44％、第2回41％）という特徴があり、前回と比較して20ポイント近く下げているのである。フランスでは「低投票率の時でも選挙に行く人＝政治への関心が高い人」であり、今回の選挙結果から言えることは、「フランスの大都市で政治に関心の高い人には、左派で環境に関心の高い人が多い」ということである。

しかし、日本では「低投票率でも選挙に行く人＝政治への関心が高い人」と単純には言えない。日本では組織票というものが存在し、投票率が下がると組織票を多く有する党が強くなるという現象がおこるからである。これは、2000年当時首相だった森喜朗が選挙前「無党派といわれる人たちの判断が選挙を決める。……寝てしまってくれれば、それでいいんだが」と発言したことからもよくわかる。つまり、投票先の読めない無党派層が選挙に来ず、組織票だけなら自民党は安泰だということだ。この組織票というものは、地域のしがらみや会社、組合、宗教団体といった組織からの要請に基づいて動く票のことである。これらの票は政治への関心の高さで動くものではなく、組織への忠誠心の高さが背景にある。また、組織からの要請でなくても、知り合いから頼まれたといった理由でも律儀に投票したり、有権者としての義務感から投票所に行ったものの投票先を事前に決めておらずポスターを見ながら感じのよさそうな人に一票入れたりする人もいる。つまり、日本の投票率の一定の割合は、政治への関心に基づいたものではなく、組織に忠実な人、頼まれごとを断れない律儀な人、義務感の強い真面目な人の票が占めているのである。これらの票は、候補者の政策やビジョンに共感しての一票ではない。

意識していない人も多いと思うが、組織票というのはどの国でもあるものではない。例えばフランスには日本のような組織票というものは存在しないし、「知り合いに頼まれたから」ぐらいで投票先を決めるような人もまずいない。また、ポスターのスローガンと笑顔から連想する人柄で投票先を決めるような人もいないと言ってよい（政治に対してその程度の知識・関心しかない人はフランスではそもそも選挙に行かないだろう）。日本と異なり各家庭に詳しい政策の載ったビラが全候補者分届くので、政策に関心はあるが調べるのがめんどう、時間が無いということにはならない。だから、投票率の低い時に「選挙に行く人＝政治に関心がある人」、投票先の選択理由は「候補者・政党の政策に共感している」と素直に考えることができる。

これに対し、日本の場合、組織票、付き合いでの投票を考慮に入れると、低投票率の時でも「投票に行く人＝政治に関心がある人」とは単純に言えない。選挙公報で政策を確認することもなく、お隣さんに頼まれて前回はAさんに投票、今回はゲートボールの会長さんに頼まれてBさんに投票、という投票の仕方は日本では十分にあり得る。執筆者のYも一度選挙の手伝いで有権者への電話掛けのボランティアをした時に、年配の女性から「投票先は主人の判断に任せています」と堂々と返事をされ、「誰に一票を投じるにしても、ご自分の意志で投票されたほうがいいと思うのですが」と遠慮しながら言わせてもらったことが何度かあった。このような自発的な政治的関心に基づかない投票を差し引いた、政治に関心を持ち自身の政治的な判断に基づく投票率は、日本ではかなり低いものになるのではないだろうか。

次に、日本の民主主義政治が危機的な状況にあることを裏付ける気になる数字を挙げてみよう。それは、地方自治の分野で顕著にみられる。まず投票率だが、２０１４年のフランス市町村選挙の63・55％と比較し、２０１５年の日本の市区町村長選挙の投票率は50・02％とかなり低かった。この傾向は加速しており、２０２３年の統一地方選挙の投票率は47・73％である（ＣＯＶＩＤ－19の影響が日本ではまだ尾を引いているにしても低い）。ここから、今述べたように自発的な政治的動機に基づかない票を除くと、投票率は相当低いということになる。

　更により深刻な数字は、無投票当選の多さである。日本の場合は、候補者が一人しかいない選挙が驚くほど多い。例えば、日本の２０１９年の統一地方選の後半に際して市長選の無投票当選の割合は31・4％だった。[4] ２０１９年の県議選にいたっては過去最高の39％と、無投票がほぼ4割だった。ここで確認だが、昭和・平成の大合併を経て、現在日本には１８００弱（２０２２年1月1日時点１７９４）の自治体がある。これに対して、フランスの場合は市町村の合併は珍しいため、自治体数は３万４９４５（２０２３年1月1日）と日本の20倍近くもある。その上、フランスの人口は約６０００万人と日本の約半分である。つまり、人口当たりフランスは日本の40倍も地方自治体が存在することになる。日本ではほとんど消えてしまったような小さな自治体（人口1万人程度の小さな町や、数千人の村）が山ほどあるのである。

　にもかかわらず、本当に小さい村を除いて首長の無投票当選などという話は聞いたことがない。例えば執筆者Ｔの生まれ故郷の Riedisheim は人口1万２０００人のフランスでは小さめの町だが、市長選にはいつも４人程度が立候補する。どの候補も本気で勝つ気なので、毎回町を挙げて盛り上がる。実際政権交代も定期的に起こる。フランスではこのサイズ以上の町で無投票当選など想像できない。しかし、日本の自治体の首長選挙は、全体の3割以上で選挙がない。それも大きな権力を握る人口何十万規模の自治体でも複数の候補者が立たず、選挙が行われないことは決して珍しくない。ただ立候補しただけで、投票を通じて有権者から信任されたわけではない人間が自治体のトップに立って政治を行っているのである。

自民党総裁選でさえ、それこそ派閥による組織票で票読みができるので結果は分かっていても、それでも民主的であることをアピールしようと総裁選が行われる。しかし、今や日本の3分の1の自治体はやる前から結果は分かっているからと、対立候補が立たない（何らかの理由で立てない）非民主的な状況になっているのである。

直近の日本の参議院選挙の全国比例では、13の政党が候補を立て、9の政党が参議院の議席を獲得している。フランス人の感覚からすれば、国会議員を輩出するほどの政党であれば、一定規模の市長選には当然候補を立ててしかるべきである。しかし日本では、大都市でも首長選に9人の候補が並ぶことは、東京都を除けばまずない。それどころか国会議員を相当数擁する党でも、最初から選挙を諦め候補を立てない自治体首長選が30％もあるのである。近年の野党共闘では候補者数が予め絞られることを説明することはできるが、対立候補が全く立たない無投票当選の説明にはならない（なぜ野党が候補者を立てないのかについては第4章4で考察する）。

ここで問題にしたいのは、政治に関心が無い多くの日本人はそれを異常だと感じることさえなくなっていることである。[5]

また国政選挙においては無投票こそないものの、小選挙区で候補者が2人というところは特に珍しくない（２０１７年の衆議院議員総選挙の選挙区当たりの平均候補者数は３・２人）。フランスも日本同様小選挙区制を採用しているが、２０１７年の国民議会選挙では、選挙区当りの平均候補者数は14人だった。[6]つまり、同じ投票率だとしても、日本の実際に投票した人の多くは、非常に限られた選択肢の中からまだましと思われる候補者に仕方なく投票している人や、頼まれたから投票している人が相当数いると考えられる。本当に自分の政治信念に基づき且つ納得して投票している人の人数は実際の投票率よりも間違いなくずっと低いと予想できる。少なくとも執筆者Yは自分の意志で投票先を選んでいるが、選択肢が少ないため納得した投票はできていないので当然楽しくない。これに対して、10人以上の選択肢の中から、ビラやパンフレットを見比べながら自分の考えに最も近い候補者に一票投じるフランス人執筆者Tの様子を見ると、単純に楽しそうだなと思うのである。

しかし、無投票当選や、候補者数が異常に少なく納得のいく候補に投票できないような現状にもかかわらず、日本で不満の声はあまり聞いたことがない。選挙時に新聞が取り上げるぐらいだが、大方の世論はどうでもいいといった雰囲気である。政治に関心があれば、もっと大きな不満の声が上がるはずだ。

次に、若者の政治離れはヨーロッパでも同様の悩みがあると述べたが、やはりこの点も日本は相対的に深刻と言えるだろう。

ワイドショーなどでも取り上げられた、スウェーデンの少女グレタのサボタージュをきっかけとした、フライデー・フォー・ザ・フューチャーの運動から、2019年3月15日世界同時デモが開催されたが、その参加者の人数は北米・ヨーロッパの大都市では、カナダのモントリオール15万人、イタリアのミラノの10万人と、世界全体で100万人を超える過去最大のデモとなった。しかし、世界一の人口を抱える東京での参加人数は5000人である（日本にしてはそれでも多いのだが）。環境問題は本格的に深刻化する頃には老人の多くは死んでしまっているため、どうしても他人事になりがちだ。そのため、若者自身が動かなければならないのだが、日本での若者の動きは鈍い。このような現状を踏まえると、老若を問わず日本人の政治への関心は低いというのはただのイメージではないと言えるだろう。

では、改めてなぜ日本人の政治への関心は低いのだろうか。

本書の主張は、「日本人の政治への関心が低い原因は、日本政治がつまらないからだ。関心を高めるためには、政治を面白くしなければならない」というものだ。

ここで日本人は対立を嫌うので政治に関心が無いとか、日本人は自己主張が弱いため自分の意見を表明するのが苦手であり民主主義が本質的に向かないといった、国民性を理由に現象を説明して終わってしまう、所謂「日本人論」を展開して終わる気は私たちにはない。それぞれの国の国民に文化や歴史に基づく一定の傾向がみられる国民性というものを私たちは否定しないし、本書でも、日本社会の傾向についても触れる。が、「日本人は○○だ」とする多くの日本人論は、国民性をあたかも全ての日本人に共通する性質のように論じたり、時間的に不変だという考えに基づいていたりする場合が多い。しかし、このような発想に私たちは立たない。

私たちは国民性とは、一時的かつ一定の傾向に過ぎないと考えている。つまり、常にそれに当てはまらない相当数の例外がいることを忘れてはならない。また国民性はその社会が取り入れた文化、歴史的出来事によって無自覚に変化するものであり、それと同時に意識的に取り入れた制度によって時に意図的に操作され得るようなものだと考える。

例えば、日本人は自己判断力に欠け、自己主張をせず従順な国民と言われることがあるが、このような国民性などはまさに軍国主義にとってうってつけではないだろうか。では、日本人は太古の昔から軍国主義と相性の良い国民だったのか。むしろ軍国主義という思想を基本にした制度の下で文化と国民性がそれに適合するものに変化した、変化させられたと考えるほうがずっと自然ではないだろうか。今でも日本人の国民性として挙げられる従順性や同調圧力に屈しやすいところなどは、よく巷で言われるようなお上に逆らえないという意識が江戸時代から連綿と続いているというよりも、学生時代のクラブ活動などでの根性主義的指導や上下関係の徹底を通して植え付けられるものだろう。そしてこれらの指導方針や厳しい上下関係は近代以降の軍国主義の下での軍隊文化が現在も色々な場面で存続しているという側面が強いだろう。実際に、江戸時代の幕府直属の御料地で代官のお裁きに納得のいかない農民が江戸に訴訟をしにやってくることは珍しいことではなく、そのための宿屋や訴状を書く現代の行政書士に当たる商売が繁盛していた。百姓一揆や打ち壊しについても、ヨーロッパの中世と比較しても変わらないぐらい頻繁に発生している。決して江戸時代の日本の農民はヨーロッパの農民と比較しても特別従順な存在ではなかったと言えるだろう。[8]

つまり現在の日本人の国民性として、従順、自己判断が苦手ということがあったとしても、これは江戸時代よりも後に出てきた比較的新しい傾向ではないだろうか。また、百歩譲って国民性で現状を説明することはできても、これからも変化しないことの言い訳にはならないことを意識しなければならない。つまり、戦後の日本社会が民主主義国家として歩むことを選んだのであれば、その思想を基本にした「制度」のもとで、民主主義にふさわしい文化と国民性を育むだけの話である。

日本よりも先に民主主義に移行したフランスでも、いまだにより良く民衆の意見が政治に反映されるように制度の改善は議論され続けている。が、日本の政治制度は、憲法でこそ民主主義を高らかに謳っているが具体的な制度の面では大きな欠陥を抱えており、未だ本格的に民主主義制度が導入されているとは言えないような未熟な状態である。驚くのは、そのことを日本人の大半は意識していない。現在の日本には民主主義国家と言うには、あってはならない規制があったり、必要な規制が無かったりする。結果日本人は戦後80年たっても未だに民主主義を謳歌できていない。このような未熟な「制度」の下では国民性も軍国主義に適応したものから変化しにくいのは当然で、「制度」を改善して民主主義を享受できるようにしないままで国民性の大きな変化を望むことは簡単ではない。そこで第2章では、まず制度面の問題を指摘したい。

［注］

1 « Age, diplôme, revenus... qui sont les abstentionnistes du second tour des législatives ? », France Culture, 18 juin 2017 : https://www.franceculture.fr/politique/age-diplome-revenus-qui-sont-les-abstentionnistes-du-second-tour-des-legislatives

2 世界青年意識調査、内閣府政策統括官（共生社会政策担当）。

3 フランスの市議会選挙は日本のようにバラけておらず、必ず任期が同じ日に始まり、同じ日に終わる。

4 「全国の27市長選で無投票当選　統一地方選の後半始まる」、朝日新聞 Digital、２０１９年４月14日。

5 無投票の問題を指摘する有識者はいるが、真剣に原因を追究する動きは鈍い。「41道府県議選 無投票当選者が過去最多―注目記事―ＮＨＫ政治マガジン　https://www.nhk.or.jp/politics/articles/lastweek/15969.html

6 « Âge, sexe, profession : qui sont les candidats du premier tour des législatives ? », Le Figaro, ２０１７年６月９日。

7 江戸時代には武士が支配していたが、軍国主義的ではなかった。

8 古川愛哲『悪代官は実はヒーローだった江戸の歴史』講談社＋α新書、２０１０。

第2章　公職選挙法がもたらす「観客民主主義」

――一般国民の立候補に対する様々な障害

政治制度の一番の基本になっているのは、間違いなく憲法である。日本国憲法は高らかに国民主権を謳い、15条ですべての国民に選挙権があり、また44条で立候補する権利は平等に認められるとしている。この憲法だけを見ると、他国と比べて日本は決して民主主義国家として大きな欠陥を抱えてはいないように見える。

しかし、憲法でイメージされる社会の実現は、現実には個別の法律に任されている。例えば、2016年から選挙権年齢が18歳以上に引き下げられたが、これは2015年の公職選挙法の改正によって行われた。つまり、憲法で「国民」といっても、実際に選挙に参加できるのは18歳以上の成人である。また、平成25年に解禁になったインターネットによる政治キャンペーンも、公職選挙法の改正によって可能になった。つまり、いくら憲法の文言から日本国民には参政権が認められていると解することができたとしても、その具体的な内容がいかようなものなのか、どのようにそれが保障されるのか、逆にどの程度の制限が課されているのかは、公職選挙法を見なければわからない。憲法がレストランの看板であれば、公職選挙法はメニューのようなものである。看板がいくら「和食○○」とあったとしても、メニューを見ればオムライスやラーメンが並んでいるということもありえるのである。

つまり、公職選挙法こそ日本の具体的な政治制度の中心にあり、日本の政治制度の性格を方向付けている法律なのであり、この法律を見なければ、参政権が本当に日本国民に保障されているかどうかはわからないのである。本書の前半は、この公職選挙法のおかしさに的を絞っている論じる。なぜなら、この法律こそ、日本の政治の新陳代謝を遅らせ窒息死させようとしている制度面での元凶と言っても差し支えないからだ。

実は、この法律のおかしさに気付いている専門家、実務家も当然存在しており、幅広く条文を解説・批判している図書も少なからず存在する。公職選挙法の廃止を求める本の「おわりに」にて次のように書かれている。

「代表政治の基礎をつくる選挙運動の仕組みが、一般の市民を「第三者」として排除する立場にあるだけに、わたしたち日本の市民は、結果として政治を「観戦」する観客席に座るしかない。観客民主主義にはその基盤があるのである。[1]」

公職選挙法においてその観客民主主義を形成している要素・仕組として、主に4つが挙げられるだろう：禁止事項の多さ、選挙期間、供託金制度、メディアによる候補者扱いの不公平である。[2]

1　複雑すぎる公職選挙法

日本の公職選挙法は、別名「べからず法」といわれている。ある記事では次のように表現されている。「日本の公職選挙法は、自由であるべき選挙運動を原則的に禁止し、その上で特定の選挙運動についてのみ限定的に認めるという方法をとっています。[3]」。これは、通常の民主主義国家とは反対の方針である。民主主義国家と言えるには、その国の国民が自由に政治活動できなければならない。政治活動の大きな部分を占める選挙についても、自由に立候補し、自由に選挙運動を展開できることが保障されていなければならないと考えられている。しかし、日本の公職選挙法は、本来自由であるべき候補者の選挙運動を後押しするどころか、極端に制限している。自由を保障するための法律ではなく、いかに不自由にし、候補者を委縮させ、あるいは立候補を思いとどまらせるかが目的なのではないかと条文を読むと思ってしまう。実は選挙運動のプロと言われるような人たちでも、公職選挙法の豊富な禁止事項を把握し切れていないのが実情なのだ。彼らは公職選挙法の条文を常に気にしながら支持する候補者の行動が選挙法違反にならないようにアドバイスをし、窮地に陥ると「選挙管理委員会へご相談」に伺うのだ。

現実に、現行の制度の下でもできること／できないことを分かりやすく解説しようとする本が何冊も存在し[4]、インターネット上で検索してみると、選挙運動として何ができて何ができないのかを説明するＱ＆Ａサイトもたくさん存在している。このこと自体が、この法律の複雑さを証明していると言える。ためしにフランスでこのような選挙制度を定める法の解説書がないかを探してみたが、見つかったのは一冊だけであった。それも、立候補者向けではなく、選挙を管理する行政官向けのものである。つまり、立候補者は賄賂を渡すなど常識に照らして許されないことさえしなければ原則自由に選挙運動をしてよく、解説本が必要になるような複雑なルールはない。役所のホームページに最低限の守るべきルールが簡単に羅列してあるだけで、専門家でなくても理解できる。むしろ選挙において候補者がより自由で公平に選挙運動を行う環境を整えるために義務が課されるのは行政側であり、複雑な公職選挙法をかざして行政が候補者の選挙運動を委縮させる日本とは発想が真逆なのである。

フランスで行政側に課される義務と言えば、例えば、具体的に候補者がポスターを貼るための立て看板は選挙前何日までに立てなければならない、全有権者に候補者のビラを選挙前何日までに届けなくてはならない等である。つまり、候補者の選挙運動を充実させるために行政がしなければならないことを定めるのがフランスの公職選挙法の目的の中心で、候補者の活動を制限することが法律の中心的な役割ではない。

次の表を見ると、日本の選挙運動が他の先進国と比較して異常に制限の多いものであることがよくわかるだろう（２００７年に日本共産党の井上哲士参院議員事務所が国会図書館に依頼調査した

主要8か国（G8）の選挙運動規制の比較

	日本	アメリカ	イギリス	ドイツ	カナダ	イタリア	フランス	ロシア
公務員の選挙運動規制	選挙で特定の候補者を支持、または反対することはできない	なし	原則なし	なし	原則なし	なし	投票用紙、政見発表書および回状の配布禁止	選挙運動用の印刷物等の作成・配布の禁止など
戸別訪問の規制	禁止	なし	なし	なし	なし	なし	なし	なし
事前運動の規制	選挙運動は立候補届け出日から投票前日までに限定	選挙期間の規定がない	選挙期間の規定がない	選挙期間の規定がない	選挙期間の規定がない	事前運動の規制概念がない	事前運動の規制概念がない	選挙運動は選挙期間に限定
「文書図画」の規制	ビラ、ポスター、ステッカーなど細かい規定がある	なし	なし	なし	なし	なし	ビラ、ポスターなど細かい規制がある	なし
演説会、宣伝カー等の規制	選挙カー、政党カーの台数制限、拡声器の使用不可など	なし	道路上での拡声器使用は8時－21時	なし	—	—	道路では不可。投票日前日まで可能	—

国会図書館調査及び立法考査局政治議会調査室・課調べを元に作成　注）—はデータなし。

データを参考にする。[5]）。

例えば、戸別訪問は日本のみが禁止している。その規定の意図は密室での賄賂等を防ぐことだったようであるが、同じ理由で電話での投票依頼は許されている。しかし、アメリカ、イギリス、ドイツ、カナダ、イタリア、フランス、ロシアでは、戸別訪問の規制はない。普通選挙が導入された1925年頃、日本国民は民主主義的な選挙において何が許されているのか、まだ十分に理解していなかっただろう。確かにそのような時代であれば、お金で票を売るようなことのないように戸別訪問を禁止することには一理あったかもしれない。しかし、今日でもまだそのような規制が必要なほど日本の有権者のモラルは低いのだろうか。確かに選挙に伴う買収行為は未だに後を絶たないが、もっぱら既知の親しい人間関係の間で行われることであり、面識のない家に飛び入りで訪問してお金で票を買うような事例は、通報や噂の流布のリスクを考えると現在の日本では想像しがたく、買収予防という趣旨での戸別訪問の禁止は完全に時代遅れのものになっている。

全部の規制について細かく見ることは本書の目的ではないので他の文献に任せるとして、以下、街宣車、ポスター、ビラ、演説会について注目し、フランスの状況と比較したい。

というのは、日本人に選挙運動と言えば何を思い浮かべるかと聞けば、街宣車での名前の連呼、ポスターと答える人が多く、これに対して、フランスではビラ、演説会と答える人が多いのではないかと思うからだ。前掲の表だけ見ると、意外とフランスも選挙運動に対する規制が多く、原則自由という前述の内容と違うじゃないかという印象を受けるかもしれない。しかし、二つの国の規制の趣旨と内容を知ることで、一口に規制があるといっても、日本の規制の量と理不尽さが尋常でないことが分かるだろう。

街宣車による選挙運動への制限

まず、街宣車による宣伝活動だが、フランスでは「拡声器」を使っての路上での選挙運動は厳しく規制されている。フランス社会は騒音についてかなり敏感で、選挙に限らず全般的に厳しいのである。つまり、路上での演説会や宣伝カーの禁止は、選挙に限ってのことではなく、フランスは騒音全般に対して厳しい。昼間でも市中の路上で拡声器を使うことは基本的にできない（街を挙げてのフェスティバル等、例外的に認められるかもしれないが、企業の宣伝カー等は見たことがない)。夜10時以降にうるさくすることも法律ではっきり禁止している(実際にはホームパーティーに限っては、あまり非常識でなければ、例外的にお目こぼしされることが多い。これは大概の人が定期的に遅くまで自宅で会食するのでお互いさまということと、家族友人が集まるのは大切なことだと大半の人が考えているからだろう。しかし、ピアノの練習等でうるさければ警察に通報される)。フランスでは静けさも一つの価値として高く評価されているので、よほどの特別なことを除いて、スピーカー等を用いて静けさを侵害することは許されないというのが社会生活全般に通じる常識的な考えである(もちろん社会に対する反抗として騒音を出す人間はいる)。つまり、こと選挙に限って規制が厳しいというわけではなく一貫性のある規制なのである。

これに対して日本社会は、日常生活における騒音について、フランス人の目から見ると寛容すぎるほど寛容である。執筆者Tにとって、日曜日の朝、竿売りの車がスピーカーで宣伝文句を流しながら住宅街を行ったり来たりすることや、右翼団体の黒塗りのトラックが大音量で演歌や演説をスピーカーで流しながら列を作って国道をのろのろ走っていることは衝撃だった。これらはフランスなら騒音としてすぐに取り締まられる。しかし日本では、表現の自由、営業の自由として認められているのである。その他にも電車のホームやデパートのエスカレーターなどでの注意喚起の放送、スーパーや大型量販店でのオリジナル曲がエンドレスで流されることも、日本社会ではごく当たり前のことであり特に不満を漏らす人を見たことはない。

このように、日本社会は人工的な音にいたって寛容である。にもかかわらず、選挙カーに関しては、「短い文言」の連呼しか許さないという不思議な制限が公職選挙法にある。[6] 短い文言しか許されないため、多くの候補者は「○○太郎、○○太郎をよろしく」と名前を連呼するのである。思想やビジョン、政策を語るという右翼の街宣車にできることを選挙カーにはなぜ禁じるのか、理由は不明である。候補者の選挙運動の自由は、右翼の表現の自由や、宣伝カーの営業の自由とせめて同等に認められるべきことではないのだろうか。短い文言（結果として、候補者の名前とスローガン）に限定しなければならない納得のいく理由を聞いたことがない。フランスと日本、同じように街宣車での選挙運動には規制があるが、フランスの場合は他の営業行為への規制等と照らし合わせても一貫性があり特別選挙運動に限って厳しく取り締まっているわけではなく納得がいくのだが、それに対して、日本の場合は選挙運動に限って、他の営業行為や政治活動への規制と照らし合わせて著しく重い規制が明確な理由もなく課されているのである。

騒音に鈍感な日本社会といったが、その日本においてさえ最近は名前の連呼を繰り返す選挙カーをうるさいという声をたまに耳にする。政策やビジョンを語らず名前だけ連呼する一種の洗脳のような選挙カーは、いくら音に鈍感な日本社会でもいい加減にしろと言いたくなる人が出てくるのは当然だろう。思想や政策を語らず候補者が名前だけを連呼する行為は、商品の性能を説明せずにただただ買ってくださいよとしつこくするセールスマンと同じだからだ。

しかし、有権者は日本の公職選挙法の規制に問題があるとは知らないため、「選挙運動（政治）≠迷惑行為」「政治家≠迷惑な人」と思うようになってしまう。つまり、公職選挙法の規制には、選挙の質を下げ、かつ有権者の政治嫌いを助長する側面があるのだ。

ポスターについての規制

ポスターについても前掲の表でフランスは細かい規制があるように見えるが、日本と比べるといたってシンプルな規制である。ポスターを貼っていい場所は公設の掲示板と決まっているので、サイズについて規制がある。また、デザインに関しては、フランスという国を象徴する色、トリコロールと呼ばれる青白赤の三色使いは禁止されている。これは、国民が自国に対して持つ愛着を一候補者が利用することを禁ずるためである。しかし、それらの規制は行政のHPを見ればすぐに分かるようになっていて、さして複雑なものではない。貼れる場所が公設の掲示板に限られるのは、フランスは街の景観についても騒音同様うるさいからである。つまり選挙ポスターだけでなく、企業や店の看板についても日本と異なり厳しい規制がある（日本でも京都など観光地では景観条例があるようだが、フランス人の目から見るとそれでも非常に緩く、せっかくの美しい景観がもったいないと思うこともしばしばある）。

例えば、フランスでは個人病院や診療所が看板を出すことにも厳しい制限がある。[7] 普段街を歩いていて、「ここに歯医者があるな」と気づくことはない。医者にかかる場合、基本的に電話帳で住所を調べて通りの名前と番地を頼りに探すのだ。日本のように近くまで行けば看板を辿って目的の病院にたどり着くといった訳にはいかない。一般住宅と外見上差がない診療所がほとんどで、街ならマンションの一室の表札に小さな文字で△△科医 Dr. ○○と書かれているだけというのが平均的な診療所のスタイルである。

世界中派手な黄色で目を引くマクドナルドも、フランスの市街地では景観に溶け込む茶色や緑が多く、赤×黄色でない場合がほとんどである。これは街の景観条例によって強制されている場合と、景観を壊すような看板を掲げることで地元の反感を買わないために自主的に避けるケースと両方あるだろう。だから、日本の田舎でたまに見かける田んぼのど真ん中に建てられた大きな看板なども、景観重視の執筆者Tの目から見ると「ありえない」の一言なのである。

このような景観重視のフランスであるから、選挙ポスターに関しても景観を損なわないようにということでどこでもペタペタ貼れることにはなっていない。が、その代わりに選挙が近づけば相当数の公営掲示板が設置され、公営掲示板である以上、一人ひとりのスペースが決まっているので、サイズも自ずと制限される。つまり、選挙運動だからことさら厳しい規制があるわけではなく、規制の程度も他の法律とのバランスを欠いたものとは言えない（廃屋など人の管理の行き届かない建物にはいろいろな候補のポスターが貼られていることもあるが、これは法律違反になるし比較的珍しい）。

これに対し、日本のポスターについての規制はフランスの規制よりもずっと細かく複雑である。選挙期間についての記述の箇所で再度説明するが、日本の場合、選挙の半年以上前、半年前から告示日まで、告示日以降で4種類のポスターを準備して時期ごとに貼り替えなければならないのである。半年前までは候補予定者個人の宣伝ポスター、半年前から告示日前日までは候補者個人の宣伝ポスターは貼れなくなるので、規制の網をかいくぐって2連ポスターという2人で写ったものに貼り替える。告示日から選挙当日までは公設掲示板に候補者個人のポスター（これが公式の選挙ポスターであり、それ以外は「公然の脱法行為」つまり「抜け穴」である）、そして2連ポスターは剥がされるか、もしくは所属政党のポスターに貼りかえられる。それぞれのポスターについて、写真の大きさ等細かい規制がある。公式の選挙ポスター（と選挙ビラ）にはいちいち手作業で収入証紙を貼らないといけない。

つまり、ポスター一つをとってもフランスと比べて規制は4倍以上複雑で、4倍以上の選挙資金と労力が要求されると言っていいだろう。

ビラ配布への過度な制限

もう一つ、理不尽さのよく分かる具体的な事例として、選挙用のビラを取り上げたい。私達の暮らす三重県津市の市長選（2023年4月）で、新人の候補者が選挙ビラを街頭で配ったとして通報されたという新聞記事を見た。「あれ、地方議員選挙でもビラの配布は2019年から解禁になったはずだし、それに市長選は前からビラは配れたはずだけど……」と思い調べてみた。そもそも長い間、地方議員選挙ではなぜか選挙ビラの配布は禁止されていた。公職選挙法によって、選挙カーでは名前の連呼（正確には「短い文言」の連呼）しか許さず、ビラは配れない。有権者はいったいどうやって候補者の政策を詳しく知ることができるのかと言いたくなるが、2019年3月からようやくビラ（「証紙ビラ」といわれる）が解禁になった。ただ、繰り返しになるがもともと市長選挙では配布可能だったはずだ。私たちは津市に住んで3～4回は市長選を経験したはずだ。が、これまで実際に道でビラを受け取ったことは一度もなかった。これまでの津市長候補たちはビラを配布するほどのやる気がなかったということだろうか……。

それにしても、なぜ今回の新人候補は通報されたのだろう。調べてみると、候補者は街頭でビラを配布し、100件程度の家にポスティングしたという。フランスをはじめとする民主主義国家では普通に行われていることであり、いったい何が問題なのだろうか。条文を見てみて分かったことは、ビラ配布可能（解禁）とは名ばかりの、原則禁止の上で、一定の場合に限り例外的に配布ができるという規制の仕方がされていることが分かった。

具体的にビラの配布が可能なのは、選挙事務所内、個人演説会場内、街頭演説の場所、新聞の折り込み広告に限られる。しかし、道で配っているのを見たことがあるよ、と言われる方もいるかもしれない。その候補者の街頭演説に偶然出くわしたのだろう。つまり候補者といえども気軽にただ街頭でビラを配ったり、ポスティングしたりすることは公職選挙法違反なのである。選挙事務所内では配れても事務所の前で配ることは違反になるので、わざわざ事務所に入ってもらわなければビラを渡せないという窮屈な規定なのだ。だから街頭で配るには、街頭演説という体裁を整えなければならない。[8] 公職選挙法によると、街頭演説をする際には、公職選挙法で定められた標旗を立てなければならず、市長選の場合その標旗は一本だけだ。つまり、同時に複数個所で街頭演説はできないため、ビラを配る場所も当然一か所に限られる。ビラを配るだけならボランティア一人でもできるから、規制が無ければ、15人いれば15か所で配ることができるはずである。しかし公職選挙法の規制の結果、日本ではボランティアが15人集まっても街頭演説の会場でしか配れないため、その周囲に固まって配らなければならないのである。移動したければ、候補者と一緒に標旗を持って移動しなければならないということになる。歩行しながらの街頭演説は禁じられているから、移動しながらの配布もできないのだ。合併によって多くの市の面積は拡大しているにもかかわらず、ボランティアに頼んで広く配布することが困難な仕組みになっているのである。普通の国なら当たり前の、ボランティアが「隙間時間に街頭で配りたいので、ビラもらっていきますね」ということが日本では出来ないのである。これが私の「そういえば選挙中街頭でビラを配るボランティアに出くわしたことがないな」という疑問への答えだったのだ。

　日本で行政から有権者に届くのは、白黒の情報量の少ない選挙公報だけである。ビラの配布は各候補者に丸投げされている。それにもかかわらず、公職選挙法は理不尽な規制で効率的な配布を妨害している。配布できる枚数にもなぜか上限があるので、どんなに配布を頑張っても有権者全員にビラが行き渡ることはない。つまり今の日本では、どんなに候補者が頑張ろうとも有権者に詳しい政策を周知することは不可能に近い離れ業なのだ。

今回の津市の新人候補者は、選挙期間中にビラを配れると聞いて、街頭で配ったり、ポスティングしたりしたのだろう。これは民主主義国家で選挙ビラを配れると言われれば、常識で考えてやっていいことだ。しかし日本では、ビラ配布可能と言いながら、公職選挙法の規定により街頭演説の場所以外の街頭でのビラ配布は禁止なのだ。「私の至らなさで市民に迷惑をかけた」と法律への理解不足を新人候補がわびたことに対して、中日新聞では「組織力や公職選挙法が新人にとって大きな障壁となっている側面もあるが、壁を乗り越える期間も四年間ある[9]」と報道し、そもそもの公職選挙法の問題点については、「努力して乗り越える壁」と、個人の努力次第といった認識である。後述するが、他国と異なり日本で選挙運動ができるのは約2週間の短い選挙期間だけだ。つまり、次の選挙まで4年間あっても、選挙用のビラを配れるのは最後の約2週間だけである。その短い選挙期間でさえ手分けして自由にビラが配れない、ポスティングもできないなんて、これでまともな民主主義国家と言えるのだろうか。

有権者の立場からするとどうだろう。気になる候補者が2名いた場合、それぞれの候補者のビラを見て政策をきちんと比較して投票しようと思えば、2週間の間に2人の候補者の選挙事務所を探してビラをもらいに自ら足を運ばなければならない。よほど政治好きかつ暇な人でなければなかなかできない行動である。この制度上の欠陥が、ポスターの人相や名前の連呼による洗脳効果、知り合いから頼まれたからといった、政策に基づかない投票行動を後押ししているのではないか。

フランスの場合、街中での拡声器を使った選挙運動やポスターについては、騒音、景観というフランス社会で尊重される価値とバッティングするため、一定の規制がなされていた。しかし、ビラに関しては、日本のように配れる場所を限定したりすることはない。自由に配ることができる。当然ボランティアたちが手分けして複数個所で配ることもできるし、配れる期間も日本のように2週間などという短期間ではなく、配りたければ1年以上前から配っても問題ない。その上選挙が近づけば、全ての有権者に候補者全員のビラが行政機関から届けられる（そのため、封筒に入るようにビラは大きさや重さに規制があるのだが、これは当然の規制といえるだろう）。行政によるビラの配布はボランティアスタッフの少ない新人候補にとって大きな助けになっている。また、よほど小さな選挙でなければ、このビラのｐｄｆファイルを行政がネットにアップするので、外出先などでも気軽に見ることができる。

このようにフランスでは政策の内容が有権者に伝わるように行政が積極的に動くようになっており、ビラの配布を候補者の自己責任にした上で配布場所を極度に制限する日本とは反対の姿勢と言ってもいいだろう。

選挙運動において影の薄い演説会

街宣車、ポスターに関してフランスは日本のような理由不明の規制はないものの、静けさや景観といった社会生活上の価値を政治活動の自由に優先させ一定の規制をしている。では、政治活動の自由を軽く見ているかというとそうではない。フランスでは政策の有権者への周知こそ質の高い選挙を保障すると考えている。その観点からいくと、街宣車での名前の連呼など政策周知にとって無意味であることは明白であり、制限したところで選挙の質にはさほど関係なく、スローガンと候補者の写真だけのポスターも選挙においてはおまけぐらいにしか考えられていない。フランスの選挙で重要なのはビラと演説会だ。

フランスでは、選挙運動を始めるのはいつからでもよい。とはいえあまりにも早過ぎると有権者の関心も低く、現政権の政策評価もしづらい。実際には大統領選は1年前から、市長選などはだいたい半年ぐらい前から始まると言っていいだろう。立候補を表明した候補者は、選挙区でできるだけたくさん演説会を開こうとする。会場を借りポスターで告知し講演会を開く。オープンな立候補者の場合、講演会の後に質疑応答の時間を設けることが多く、会場に来た人は何でも気になることを気軽に質問できる。執筆者Tも大統領選の時は、気になる候補者の講演会のポスターを街角で見つけて、せっかくだから聞きに行くか、と公共のイベントホールに出かけて行った。2時間程度の講演会だったかと思うが、帰ってきて、「なかなか鋭い質問ができた」と、満足げであった（結局その候補者には投票しなかったが）。

このように、大統領選なら候補者は半年～1年かけて、全国で講演会を行う。紹介者などいなくても誰でも気軽に参加できる講演会である。日本ではこういう選挙運動をじっくりと展開することはできない。まず立候補（予定）者という肩書で広く講演会を告知することは、選挙運動に当たるため、告示日前はできない。後に詳述するが、日本で立候補者という肩書でオープンな講演会を開けるのは選挙期間（選挙によるが大体1週間～2週間）に限られる。それよりも前は、ポスターなどで不特定多数に広く告知する際は立候補（予定）者という肩書は使えないし、自分への投票を訴えることもできない。そこで不特定多数に声を掛ける場合には、一般市民による政治についてのお話会という目的をぼやかした講演会という形になる。そのため人が集まりにくい上に、集まった人たちに選挙での支持を訴えることもできない。合法的に「次期選挙に立候補するので抱負や政策を語りたい」と真の目的を明示して人集めをしようとすれば、不特定多数には呼びかけられないので、口コミで知り合いを通じて声を掛けて参加者を集めるという形になってしまう。これでは、新しい支持者を大きく増やすことは難しい。ようやく、立候補者であることを明示して支持を訴えるための講演会ができる時期になると、それはもう選挙直前（約2週間）であるため、講演会を開催してゆっくり話を聞いてもらうよりも、少しでも多くの人に名前だけでも知ってもらおうと街頭での名前の連呼に忙しくなるといった具合で、講演会を開く余裕がないのである。

「理由不明」な規制の例は山ほどある

影の薄い演説会と書いたが、このあまり利用されていない演説会は同時に5カ所で開催することができる。施設で行う個人演説会場には決められた立て看板を立てなければならないのだが、その立て看板は5つ作ることができるのだ。実は私自身、個人演説会を同時に5カ所で開くことができるとの条文を見た時には、それなら街頭演説も5カ所でできるのだろう、そうすると少なくとも5カ所で手分けしてボランティアが街頭演説（応援演説）をしながらビラ配りができるのかと考えた。しかし、よくよく法律を読むと、街頭演説は個人演説会と異なり同時に複数個所で行うことはできないのだ。街頭演説で掲示しなければならない標旗はなぜか1つしか作ることができないからだ。

フランス大統領選の山場は、なんといっても候補者によるテレビ討論である。日本でも、県知事や市長などは大統領と同じく有権者が直接選ぶことができる。この時テレビでの討論番組があれば面白いだろうが、日本では選挙期間に入るとテレビ局など第三者が主催する討論会は法律上開くことができない。選挙期間前なら第三者の主催でできるのに、選挙が近づき、肝心の有権者の関心が高まってきた時にできなくなる理由は不明である。第三者ではなく、複数の候補者が共同で主催となる合同演説会は可能なのだが、敵対する候補者同士が協力し合って開催することは簡単なことではない。また開催費用を候補者が負担しなければならないため、経済力の無い候補者への負担が大きくなる。

細かいことだと、選挙期間中に使用できるグッズも「文書図画」として公職選挙法でいちいち決められている[10]。候補者が身に着けることができるグッズも決められており、「たすき」の使用は認められている。しかし、名前入りのハチマキや帽子は認められていない。候補者が皆似たようなたすき掛けの格好になってしまうのは、法律の結果なのだ。その上、このたすきは選挙期間前は使用できない。そのため候補予定者は、選挙期間前に街頭で挨拶活動などする時は無地のものや「本人」と書かれたたすきを使わないといけない。公職選挙法を知っていれば「本人」と書かれたたすきの意味が分かるが、知らない人間がみたらただの変な人だ。「本人」のたすきをかけて、道で手を振る人を見れば、「『本人』って言われても、誰だか分らないし。あなた誰？」と思わず突っ込みたくなるだろう。パーティーグッズのお店で「本人です」と書かれたたすきを見かけた。パーティーグッズは、それを付けて人を笑わせる（人に笑われる）ことが目的だろう。つまり、道行く人の目にあのたすきは間抜けに映っているのだ。更には候補予定者の妻が応援のために「本人の妻」と書かれたたすきをつける例もある。公職選挙法対策の苦肉の策とはいえ「考えた人に、座布団３枚！」と言いたい間抜けさである。

このように公職選挙法の理由不明で理不尽な規制を列挙しろと言われれば、きりなく挙げることができるのだ。

曖昧な表現の多さ

次に意識してもらいたいのは、規制が多いだけでなく、曖昧だということだ。例えばビラをただ配ることは禁止されているが、街頭演説の場所で配ることは許されている。しかし、演説というと、それなりの長さの話を候補者がするのだと普通なら思うだろうが、演説とは名ばかりの、街頭での挨拶程度のことでも演説として認められるのである。つまり、街頭演説としての形式的な要件（標旗と腕章）を満たせば、現実には挨拶程度の声かけをしながら街頭で配っていい、ということになっているのである。これは素人が条文を読んだだけでは分からない。これくらいのことはできるだろうと常識を頼りに動けば、常識の通用しない公職選挙法のもとでは、知らないうちに違反行為を犯す可能性が高い。

だからといって公職選挙法の条文を読んで常識的に解釈すれば、禁止事項が多くてほとんど何もできないとなってしまう。実際、ビラは、条文だけ読めば街頭で配ることは禁止されている。条文の演説というものが常識よりもゆるく解釈されていることを知らなければ、候補者たちが駅前で「おはようございます」と言いながらビラを配るのを、なぜ法律違反じゃないのか、と首をかしげることになる。

つまり、選挙運動として何ができて何ができないかの境界線は、公職選挙法の膨大で難解な条文に加えて、それぞれの言葉の定義や解釈、判例によって認められた前例、また選挙を管理する選挙管理委員会（以下選管）や警察といった機関の取締りの傾向までが影響するため、非常に曖昧で把握しにくいものになっているのである。

実際に多くの候補者は、数多い制限の下でできる限り積極的な選挙運動をしたい、そのために経験者や専門家から何ができるのかアドバイスを受け選挙運動をする。しかし、その専門家を雇っているような候補者でも、しばしば公職選挙法違反を起こしてしまう。というのは、選管は曖昧なものに関しては違反の疑いがある、と言うだけではっきりした答えはしない。実際に選挙に関わった人たちの話から分かることは、対応する委員によって返事が変わることもあるし、確認しても実際に取り締まるのは警察だからと明確な返事がもらえないこともあるというのだ。しかし、警察も何が合法で何が違法か、すべてについてはっきりと言えるわけではない。これまでに判例がない行為については、警察が違反行為として検挙したうえで、検察が違法と判断し訴追し、裁判が行われ、判決が出て初めてその行為が本当に公職選挙法違反かどうかはっきりするのである。

法律が言葉である以上、他の国の法律でも同じように解釈の余地が生じると思うかもしれない。しかし、フランスなどの他の民主主義国家のように制限が少なければ、境界自体が少ない。あるいは規制が少ないので、境界ギリギリのことをしなくても十分な選挙運動ができる。そのため、境界ギリギリでのせめぎあいのような解釈問題はほとんど起こらないといっていい。先ほどのビラを例にとってみよう。フランスではビラ配りは自由なので、こんな配り方をして許されるのかな、と悩むようなことはない。日本では、街頭で配ろうと思えば、街頭演説の会場でしか配れないという制限があるため、まずはどこまでが演説と言えるかという境界線問題が発生する。また街頭演説をしている候補者と一緒でないとボランティアはビラを配ることはできない。できるだけ効率よく配るためには固まって配るのはよくないから、私は交差点の反対側で配りますね、私は、もう一つ向こうの信号で配りますね、私はもう一つ離れた交差点で……となると、どこまで離れて配ることが可能だろうかと、またしても解釈問題が出てくる。

このように、候補者は解釈や前例、最近の取締りの状況を把握しながらギリギリのことをしなければならないのである。

この公職選挙法の膨大な制限と曖昧性のため、注意していたが違反してしまったということは十分に起こりうる。「曖昧な法律の方が悪いのだから、少々違反しても大したことにはならないんじゃない？」と思われるかもしれない。確かに、軽微な違反行為ですぐに逮捕拘留ということはまれらしいが、まれでも起こらないとは誰にも言えないのである。

実際、「自民青年局の抜けきれない昭和感…なぜ日本は若い議員中心の政治ができないのか？」というテーマの政治番組で、ゲストとして出演していた自民党政治刷新本部幹事の牧原秀樹衆議院議員も次のように述べている。

「以前は学生のボランティアに参加していただいていたが、最近、親が断ってくる人が多くて。『息子が（…）変な選挙運動にでも関わったら人生終わっちゃうから。やめたい。』（…）日本の公職選挙法って複雑すぎて（…）我々もいちいち説明するが、全くクリスタルクリアじゃないんです。（…）そうするとなんか間違ったこととしてかかってしまうかもしれないというリスクがやっぱ大きいので」

このように与党の選挙慣れした議員も、日本の「公職選挙法の複雑さ」が選挙に関わる人に法律違反のリスクというストレスを負わせていること、そのことが若者が政治に近づかない一つの要因になっていることを認めている。[11]

違反がなくとも、違反の可能性があったというだけで政治家として命取りになる場合もある。例えば、２０１４年の秋に起こった「松島みどり前法務大臣ウチワ配布事件」である。松島氏が自身のイラストや名前が入ったうちわを選挙区で配ったことが、公職選挙法で禁じられる支援者への寄付行為にあたるとして国会で追及されたのだ。

ビラをできるだけ長く手元に置いてもらおうとうちわの形にしたわけだが、厚紙に丸い穴が開けられたウチワの場合、これまでの前例でビラという扱いになっていた。松島氏の配ったウチワは柄がついていたため、従来のビラ扱いされるウチワには当たらず、有価物であり、公職選挙法が禁じる寄付行為に当たるとして野党からの批判を中心に大騒ぎになったのである。そのウチワ一つの価値は１００円程度と極めて少額で、本人も有権者への寄付行為だという意識はなかった（もしあれば祭りで堂々と配りはしないだろう）。結局、松島大臣は「私自身、法に触れることをしたとは考えていませんが、とにかく私の問題で国政を停滞させてはならない、その思いで法務大臣を辞職することにいたしました」と記者会見で述べて辞任した。なんと厚紙に穴を開けたウチワがビラの範疇に収まるのだから、柄が付いたウチワも認められるだろうという判断が原因で、大臣辞職にまで発展したのである。

この事件を、安倍内閣にいた5人の女性大臣のうち松島みどりと小渕優子が同時に辞職した事件として何となく覚えている方も多いと思われるが、この後の展開をはっきりと知っている人はあまりいないだろう。実は、松島氏が大臣を辞職した数ヶ月後、結局東京地検特捜部は「配った時期などから選挙に関する寄付には当たらず、刑事責任を問えないと判断した」[12]のである。この判断が妥当か甘いかはさておき、候補者たちは、複雑で大量の「違反行為」に加えて、その周辺に埋められた「違反のおそれがある行為」という地雷まで踏まないように神経を使わなければならないのである。

公職選挙法は他の民主主義国家では許されている選挙運動の多くを禁止している。その結果、選挙運動は、名前の連呼やポスターといった内容の薄いものが中心になり、有権者に政策を周知することが難しい。さらに、規制が多い分、違法と合法の境界線の解釈も複雑になり、候補者を委縮させている。その上、規制が多いと言いながら、解釈や前例で抜け穴が積み重ねられており、部分的には骨抜き状態のものもある。つまり、複雑な公職選挙法を「常識的に」解釈し、その文言から許されると思われる範囲で選挙運動をすれば、他の候補者との関係で著しく不利になるのである。そのため、効果的に選挙運動（主に名前の周知）をするには、法律の抜け穴を熟知して、限りなく黒いに近い行動をしなければならない。法律を作る政治家になるために、まずは法の目をかいくぐる技術を身につけ、時には違法の匂いのするような行為でも「取り締まられなければいい」と割り切らなければならないのが、今の日本の選挙の実態なのである。インタビューを受けてくれた議員も、「抜け道を使わず、公職選挙法を字面通り守ると、抜け道を利用する他の候補者と比べて大きく不利になり、正直者が馬鹿を見るということになってしまっている」と率直に話してくれた。

ここからは、他国と比較して無意味なばかりか、有害でさえある規則がオンパレードの公職選挙法の中でも、極めつけの二つの規制、「選挙期間」と「供託金」について検証したい。

2 「選挙期間」という無意味な運動制限の存在

「選挙期間」という言葉を聞いて、みなさんは何を思い浮かべるだろうか。多少選挙について知識のある人ならば、「それぞれの選挙には選挙期間というものが定められており、各候補者はその期間に入ると選挙運動を始めるんじゃないの」と思うだろう。具体的な選挙運動期間は、参議院議員選挙と都道府県知事選挙が17日間、政令指定都市の市長選挙が14日間、衆議院議員選挙が12日間、都道府県議会議員選挙と政令指定都市議会議員選挙が9日間、それ以外の市の議員及び市長選挙が7日間、町村の議員及び首長選挙が5日間となっている。選挙が近づくとテレビでも「明日から○○市長選の1週間の選挙期間が始まります。投票日までの1週間、各候補は街頭に出て有権者へ支持を訴えます」といった報道がなされる。

日本では、この選挙期間は当然のことと考えられているが、これは欧米民主主義国家の人間から見ると、異常なことである。なぜなら民主主義国家である以上、被選挙権つまり選挙に立候補し有権者に支持を訴えることは非常に重要な権利であり、最大限保障されなければならないものである。つまり、選挙期間などというものを定めて時間的に活動を制限することは民主主義を大きく制限することであり、このような制限は許されないと考えるからである。

執筆者Tは、フランスから日本に来て選挙期間なるものの存在を初めて知ったとき、すぐには何のことか理解できなかった。なぜなら繰り返すがフランスをはじめ他の欧米諸国では、そもそも候補者を縛る選挙期間などという発想は存在せず、いつでも選挙運動ができるからである[13]。1年後、2年後の選挙に狙いを定め、立候補する予定であることを公表して選挙運動を始めることは、「普通」の民主主義国家であれば当然の権利のはずである。それを日本では、非常に短い選挙期間（5～17日間）を定め、その限られた期間でしか選挙運動を許さず、それ以前に選挙運動をすると「事前運動」として警察に取り締まられ、検挙されると禁固1年、または30万円以下の罰金もありえるのである。とんでもない話だ。「何のためにこのような期間を定めているのか。日本は民主主義国家ではなかったのか」と思わずにはいられなかったのである。

選挙期間という制限があるだけでも問題だが、実はその上それぞれの選挙期間は１９５０年以降段階的に短くなってきた[14]。この現状を他国の人間が知れば、日本はどんどん不自由になり、民主主義から遠ざかっていると間違いなく思うだろう。繰り返すが、日本では「普通」だと思われている「選挙期間」という発想であるが、もしこのような規制をフランスでしようものなら、重大な人権侵害として大規模な抗議デモが起こるのは間違いないし、万が一このような規制が法律によってなされれば、憲法裁判所によって違憲判決が出されるであろう。

日本においてこの選挙期間を設けた本来の目的は、選挙期間を制限することで選挙運動のコストを抑えることだったようである。確かに、選挙が長ければ長いほどお金がかかるという考えには一見、一理あるようにも思える。あまり経済的に余裕のない立候補者や政党は、選挙運動が長期間にわたると負担が大きくなり不利になるという理屈である。要するに、本来の目的は経済的背景に関係なく誰でも選挙に参加し、当選することが可能な環境を作ることなのである。しかし現実には、その規定は公平な環境をもたらすどころか、正反対の不公平で不平等な結果を招いているのである。

まず、現職の政治家と比べて知名度の低い新人立候補者にとっては、極端に短い選挙期間中に自分の名前と政策を有権者に周知することは難しく大きなハンディとなることは容易に想像できる。そのためタレントなどの有名人でない限り、新人候補者は「せめて自分の名前ぐらい知ってもらおう」という思いで選挙運動をすることになってしまう。結果として、中身はあるが大勢の人間に顔と名前を売るのには不向きな個人演説会よりも、名前を連呼しながら選挙区を回るうるさい宣伝カーという中身のない選挙運動が、日本の選挙運動の重要な部分を占めることになってしまう。日本の有権者が中身を求めていないわけではなく、制度上、ビジョンや政策といったものを落ち着いて周知するだけの時間が候補者に与えられていないのである。

それに加えて、現役の政治家の場合は、そもそも知名度が高いだけではなく、選挙期間前の選挙運動として禁止される「事前運動」を合法的に行うことが可能である。なぜかというと日本の公職選挙法では、不特定の人に向け、特定の選挙について、投票依頼を選挙期間前に行うことが、「事前運動（選挙期間前に選挙運動を行う行為）」として禁止されている。つまり「事前運動」に当たらない「政治活動」は禁じられていない。この点、現役の政治家は、高齢や大きなスキャンダルでもない限り次期選挙に立候補すると予想されるため、わざわざ肩書に「○○選挙次期候補者」とつけなくても有権者にはそのことは伝わるので、具体的な投票依頼をする必要もない。人の集まるところに顔を出すだけで自然と選挙運動としての効果を持つため、選挙期間の縛りなく事実上の選挙運動が可能ということになる。

更には「活動報告」という形で自己の市政における業績をビラや冊子で宣伝することが可能であり、その制作費の一部には政務活動費を利用できるという経済的アドバンテージもある。もしこれと同じことを次期市長選を目指す新人の候補がやろうとすれば、どうなるだろうか。「○○次郎、△△市政への提言」というタイトルで、冊子を作って配ることはできる（当然100%自腹）。しかし、街頭で受け取った人間にすれば、後で冊子を見たとしても「この人、誰？何でそんなことしているの？」という話である。ビラに「次期市長選立候補予定者○○次郎」と書きたいところだが、書くと違法になるので、「ただの政治に関心のある一市民」という立場になってしまう。

その他にも、現職の政治家が地域の運動会、卒業式、入学式、祭り等で自身の政治的な実績やこれから進めたい政策、ビジョンを語ったり、電報で祝辞を送ったりするのを誰もが見聞きしたことがあるだろう。これらの機会を利用してあらゆる場において、ほとんどの現役政治家は選挙期間前から自らの名前を大いに売り込み、有権者の記憶に次期立候補者としてその名前を再インプットすることが可能なのである。

もちろん、新人候補も事前運動に当たらない政治活動は許されているが、現職が来賓として呼ばれ様々な政治活動（＝選挙運動）の場を与えられるのに対し、肩書のない一市民は自ら活動する場所を作らなければならない。そして、そのような場を作ったとしても、人集めをする際、次期選挙に出る予定であることを公に明らかにすることはできない。想像してもらいたい、選挙半年前に政治講演会があったとしよう、講演会ポスターの講演者の肩書が「次期〇〇市長候補者〇〇次郎」とあるか、「〇〇市民〇〇次郎」なのかで、その講演会に行ってみようかと思う人間の人数、また聴衆の気持ちのあり方に大きな違いが間違いなくあるのではないか。もちろん、せっかくポスターなどで集めた不特定多数の人を相手に、講演会で「立候補する」と明言することも法律上できないのだ。

とはいうものの、選挙期間が始まる告示日前に誰が立候補するか何となく分かっているような気がする、と思われる方も多いだろう。現実に、新人候補がたった2週間程度の期間で名前や政策を周知することは不可能である。そうすると当然、事前運動に当たらない政治活動の範囲で、選挙期間前から名前や政策の周知を図ろうとする。その結果、どこまでが政治活動でどこからが違法とされる事前運動かという線引きの問題が生じる。いつでも選挙運動をしていい他の国では、このような線引き問題、それに付随する曖昧な解釈といった問題は生じない。

先ほどの、「選挙期間前にすでに立候補者を知っているような気がする」という疑問への答えは、まったくおかしな話だが、新聞記者を呼んで立候補を宣言することは選挙期間前でもできるのである。なぜなら、公職選挙法で禁止されているのは、特定の選挙について不特定多数の人間を相手に投票を依頼することであり、限定された人数の記者は、不特定多数の人間には当たらないからという理由である。まず、新聞記者というのは不特定多数の人間に情報を流すのが仕事であるから、口止めせずに記者にしゃべった時点で、不特定多数の人間に対して立候補を宣言し名前の周知を図ったのと同じことであり趣旨に違反していると言いたくなるが、記者が勝手に立候補するという情報を記事にしたのであって、依頼したわけではないから名前の周知を図ったことにはならないので違法ではないと解釈されるようだ。笑ってしまうのは、新聞記事によって立候補することが世間に公にされた後でも、選挙期間前に候補予定者本人自らが「立候補することになった○○です」と公の場で不特定多数に言うことは公職選挙法違反を疑われるのだ。そこで予定者は、講演会などではあくまで「○○新聞では私が立候補すると報道されていますが」といった、回りくどい表現を使いリスクを避けるのである。

こうなってくると、ほとんど連想ゲームである。公開の場で立候補するから一票お願いします、と言わずに、どうやったら立候補に対する強い意志を感じてもらうか、どうすれば「一票下さい」という気持ちを伝えることができるか。先ほどの「本人」と書かれた間抜けなたすきもこの時期の話である。どこまでなら許されるか、ぎりぎりのラインは素人には分からない。超えてしまえば公職選挙法違反である。そのため、前述したが何が違反になりならないかを解説する本も出ており、「市長選にチャレンジする」と言えば法律違反だが「市政にチャレンジする」と言えば問題ないなど、抜け道を伝授している。しかし、そのような本を読んでもはっきりしない点も多々ある。実際、何が許され何が許されないかは最終的には裁判所の判断となるので、判例が無いような事例では、選挙管理委員会でも正式にはわからず、「違反のおそれがある」という言い方で「自粛」を求めてくるのである。

執筆者Y自身、2021年の名古屋市長選挙に向けて、選挙期間前にある候補予定者を街頭で応援しているとき、彼女の政策集を配りながら、なんとももどかしい思いをした。「○○△子の政策集です」と言って冊子を配るのはいいけれど、「公約集です」と言うと違反になるからダメだよ等、選挙経験者から色々と指示を受けた。それでも「こう言ってしまいましたが、それってNGですか?」と、いちいち確認しながら通りを行く人たちに声を掛けるのである。それでなくても通りを行く多くの人たちは選挙に関心が無い。候補予定者本人が街頭に立って演説し、パンフを配っていても、99%の人が素通り。これが現職や有名人なら話は別だろうが、一般人では見向きもされない。「今度、名古屋市長選に立候補する○○さんがここにいるんですよ！　直接名古屋の未来について聞いてみたくありませんか！」とみんなに呼びかけたい。そうすれば政治にちょっとでも関心を持つ人を一瞬でも振り向かせることができるかもしれない。しかし、公職選挙法のせいで「立候補者の」と言うことは禁止されている。もともと政治に関心のある人なら、「あー、選挙が近いんだな」と理解し、候補予定者が街頭で政治活動をしているのだと分かるだろう。しかし、特に政治に関心のない人から見れば、街頭で自分の理想を語る「物好きな一般人」である。

そんな中でも、関心をもって話しかけてくれる人たちもいる。が、その人たちに対して、どういう表現までなら使っていいのか、にわかボランティアの私はもやもやしながら話をしなければならない。違反すれば候補者に迷惑を掛けてしまうかもしれない。「○○さんの政策は△△です。選挙で当選したら、この政策は絶対やります」などと言うのはアウト？　話を聞こうとしてくれた人からすると、何だか歯切れの悪い候補者だなと思われたかもしれない。今思えば、いったん立ち止まってくれた人は不特定多数ではないことになるらしく、立候補を予定しているのだと言って、いろいろ率直に話して良かったようである。選挙慣れした候補者のボランティアなら悩まない初歩的なところで躓いていると笑われるかもしれないが、まさに、素人が選挙運動を躊躇するようにできている。これが日本の公職選挙法のおかしなところなのだ。

もやもやしながら政策集を配る執筆者Yの脇を、「○○□□（別の党の立候補予定者名）の、雑誌『△△』をお配りしています」と、「雑誌を配る」という建前で、立候補予定者の名前を言いながら街宣車が通り過ぎていく。思わずベテランボランティアに聞いてみる。「選挙期間前の街宣車での名前の連呼は、公職選挙法違反にはならないんですか?」「うーん、雑誌を配るという建前なんだろうね。ギリギリな感じだけど、違反にならないのかな。私にも分からない」。私の目には、「雑誌の宣伝の振りをした名前の連呼に違いない。立派な脱法行為だ!」と思われたが、「雑誌の配布」という建前が通れば違反ではないし、たとえ違法行為だとしても、選管から「おそれがあるから」と言われるまでは、やったもの勝ちなのだ。

つまりこの選挙期間という制度は、現職政治家と比べ知名度の低い新人政治家に著しいハンディを負わせ、更には事前運動と政治活動という本来線引きできないものに線を引くことで候補者とスタッフを萎縮させる。その副作用として有権者にダイレクトに情報が届きにくい状態を作りだしているのである。

この、政治活動と選挙運動という本来分けられないものを分けようとする行為の馬鹿馬鹿しさを、勉強に例えてみたい。あなたが、ある国を訪問したとする。案内人から「我が国では高校進学に中学の内申が影響します。当然、各教科担任は子供たちにいい点をとってもらいたいと頑張っています。親の塾への出費も馬鹿になりません」と言われる。「日本もそうですよ、子供だけじゃなく先生も親も大変ですよね」なんてあなたは言うだろう。が、問題はその後である。「早くからテストの準備ばかりさせる先生がいると不公平なので、わが国ではテスト前2週間をテスト準備期間として定め、テストの準備はテスト準備期間のみに限定しています。

それ以前は、教師は勉強を教えることのみを行い、テストの準備を子供にさせてはならないことになっています。またこの間は、塾に掛けられる費用も上限を定め、家庭の経済格差が子供の成績に影響しないようにしています」。こう言われたら、どうだろうか。「勉強とテストの準備って分けられるものですか？」と、思わず聞くのではないだろうか。「大丈夫です、規則や前例によって、細かく何が勉強で何がテストの準備に当たるかは決まっています。例えば、授業で教科書を読むことはテスト準備に当たらない。先生が、『ここ重要ですよ』と言うことはOKですが、『ここは覚えてください』と言うことはNGです。同様に、教科書の重要箇所にアンダーラインを引かせることは準備に当たりませんが、暗記ペンで印をつけさせることはテストの準備に当たり認められません。教科書の漢字をノートに全部書き写すことはOKだが、個別に苦手な漢字ばかりを繰り返し書かせることはNG。参考書の付属の問題を解くことはOKだが、模擬試験形式の問題集を解くことはNG。歴史漫画を読ませることはOKだが、作品中に年号が太字で書いてあるものはNG。年号の語呂合わせを教えることはNG。課外授業で博物館に行っても良いが、テスト範囲と関係する展示物の前で他の展示物よりも長めに立ち止まる、あるいはテスト範囲に関係するということを指摘してはならない……」

このようなことが細かく明文、解釈、前例で決まっていて、ルールに違反しないよう先生たちが分厚い解説本を読んだり、ネットの知恵袋に質問を送ったりしている。それを取り締まるためにテスト準備期間前には他の職員が動員され、それでもテスト準備期間よりも少し前になるとフライングしていると警告される教師もいるのだ、などと説明されたら、あなたはどう思うだろうか。こんな馬鹿馬鹿しい話があるかと思うのではないだろうか。そんな区別はやめればいいのに。テスト準備なんてそれぞれの先生が必要だと思った時期から始めればいいだけの話じゃないか。日本はそんな区別はしていないけれど特に不都合なことにはなってない、と思うだろう。こんな区別をすることで、先生は言葉遣いや表現を気にして委縮するし、何ができるかを調べるために無駄に時間とエネルギーを消耗する。子供たちはテスト準備期間に入ると突如暗記問題ばかりやらされる。生徒間の公平と経済格差をなくすためと言っているけれど、結果的に子供ののびのびと自由に勉強する権利が奪われているのではないか、と思うだろう。

フランス人から見た日本の選挙期間という概念と、政治活動と事前運動の区別は、まさにこの馬鹿馬鹿しさなのである。このテスト勉強の例えが馬鹿馬鹿しいのではなく、日本の選挙期間という概念自体が馬鹿馬鹿しいものなのである。本来はっきり線引きできない、区別する必要もないものを無理やり区別することで、立候補者の選挙運動を委縮させ、候補者の時間とエネルギーを無駄に浪費させ、選挙運動の質を低下させ、有権者に情報が届きにくくなり、政治への関心を低下させているのである。

このように、候補者間の不平等と選挙運動の質の低下の要因となる選挙期間という制度であるが、それを正当化する唯一の理由、「選挙にかかるコストの抑制」を実現できているのであろうか。残念ながら、答えはNOである。というのは、公職選挙法で上限が定められているのはあくまで選挙期間中の支出である。選挙期間前の支出に制限はないのである。選挙運動と政治活動を峻別することは不可能である。ある意味、普段の政治活動があってその総仕上げが選挙期間の選挙運動だとすれば、選挙期間の支出だけ制限しても無意味であることは誰の目にも明らかだ。試験勉強の例えを持ち出すが、経済格差で子供の内申が左右されてはいけないから、試験前2週間は試験勉強に掛ける金額に上限を定めると言われて説得されるだろうか。その2週間より前は、経済的に余裕のある家庭は青天井で塾や家庭教師に費用を掛けられるのに、最後の2週間だけ上限を定めることにどれだけの意味があるだろうか。同様に、選挙期間中の費用を制限することでトータルの費用が大きく抑えられ、候補者の経済状況の選挙戦への影響を小さくできているとは到底思えないのである。

実際に、選挙にかかった費用を元議員に尋ねると、当然のように選挙期間にかかる金額よりも、それ以前にかかる金額のほうが大きいと言う。その上、選挙期間を定めることによる制限と複雑さからくる負担は、かえって資金的に余裕のない候補や知名度の低い新人候補にとって、より大きくなる。選挙期間を定めることで生じる無駄な労力と経費の典型として、先にも言った選挙ポスターを例に挙げてみよう。

日本では選挙期間が定められているせいで、その前後で4種類のポスターを張り替えなければならない。まず立候補予定者は「政治活動用」のポスター（候補予定者の顔写真と名前が大きく配置されている）を選挙の半年前（任期満了の6か月前）まで貼ることができる。しかし、選挙半年前になり、いよいよこれから本格的に名前を周知したいという時期になると剥がさなければならない。候補者の名前を周知する行動は選挙運動のフライング（事前運動）として、取締りの対象になるのである。そこで出てくるのが、いわゆる2連ポスターだ。次期選挙の立候補予定者が他の大物政治家と2人で写っているポスターだが、前述のように立候補予定者の顔や名前を周知することを主な目的としたポスターは、事前運動として禁止されている。しかし、候補予定者は選挙期間前に名前を周知するためにポスターを貼り続けたい。その結果、候補予定者は「講演会」の開催を予定し、そのお知らせが主たる目的のポスターというものを作成するのだ。候補者はあくまでも講演者の一人としてポスターに顔写真と名前を載せているだけであり、候補者の顔と名前の周知がポスターの主たる目的ではないという建前で、ポスターを貼るようになったのである。ただ、候補者1人の顔写真だと違反を疑われる余地があるので、カモフラージュのため党首や他の選挙区の政治家、あるいは好感度の高い著名人なりと2人でポスターに映ることが習慣化したのである。

この脱法行為と言ってもよい2連ポスターは、ぱっと見、次期立候補予定者が大物政治家と一緒に映っている、としか見えないが、意識して近づいてよく見ると、小さな文字で講演会の日時と場所が書いてある。これは選挙ポスターではないようにカモフラージュするためであるから、ここに書かれている講演会は実際にはキャンセルされ開かれないことは珍しくない。建前上は講演会の告知ポスターなのだが、講演会の日時と場所をできるだけ気づかれないように小さくしているのである。実際に講演会に来た人から、キャンセルなんておかしいじゃないかと苦情がくると困るからだろう。[15]

そしてようやく選挙告示日からは、公設掲示板に候補者個人の「選挙ポスター」を貼ることができる。しかし、今度は2連ポスターは違反となるため、告示日前日までに剥がすか、その上に4種類目の「政党名とスローガン等を入れただけのポスター」を貼らなければならない。

選挙期間を定め、選挙期間前の選挙運動は取り締まるが政治活動はできるという不自然な発想の結果がこれである。ポスターによる選挙運動を徹底的にするなら4種類を準備し、選挙の半年前、告示日前後で、短期間で貼りかえなければならないのである。

資金に余裕のない候補者にとって、4種類のポスターを作ること、ボランティアだけでポスターを一気に貼ったり剥がしたりすることがどれだけの重荷になるか。せっかく作って貼ったポスターを、いよいよこれから名前の周知を徹底したい半年前に剥がし、効果として名前の周知には劣る2連ポスターにわざわざ貼り替えなければならない。この2連ポスターも告示日前日までに限られた人数のボランティアで剥がし、そして翌日の告示日には公設掲示板に一気に選挙ポスターを貼らなければならない。その上、公式の選挙ポスターにはいちいち手作業で証紙を貼り付けなければならないのだ。

「市民派で資金力がなく、マンパワーも少ない政党がまともに戦うことは難しいシステムになっている」と、市民派候補の選挙参謀はインタビューで語ってくれた。これでは本末転倒である。選挙にかかる費用を抑え資金力のない候補者でも選挙に参加できるために設けられているはずの選挙期間の規定が、市民派と言われる候補者たちから邪魔で重荷だと言われているのだ。逆に、告示日前日ギリギリまで2連ポスターを貼っておくことも、告示日当日にポスターを全部貼り終えることも、お金さえあれば何も問題ではない。専門に請け負う業者がいるのだ。候補予定者のポスターも、2連ポスターも、政党のポスターも、枚数制限なくお金さえあればいくらでも作って貼れる。選挙期間の規定があるせいで、資金力の差がむしろものをいう結果になっている。

参議院に挑戦した元議は、「張り替え時期が過ぎたポスターが残っていると警告されるので、剥がしに走らなければならず、かなりの労力を要するのです。(…)国政レベルになると選挙にかかる金額が一桁違って、6000万円掛かりました。実際には選挙の準備は1年ぐらい前から始まるので、その間の選挙事務所の家賃、スタッフの給料、複数のポスターの製作費など、選挙期間前にかかる費用の方が大きかったです」とインタビューで正直に話してくれた。

国政レベルになると6000万円か、と思わず話を聞きながらうなってしまったのだが、さらに、この選挙期間という規制が選挙費用を抑えることに対して無意味だということをよく表しているのが、2019年の参議院広島選挙区での収賄事件に関する取材での河井案里元参院議員の発言である。河井氏は党本部から計1億5千万円の資金を受け取ったことを認めた上で、「もらったが違法ではない」と説明していた。その上で、「自民党の参院選は現職が6年間、新人でも1年半から2年前ぐらいには資金をもらうことになっている」[16]と述べ、自らは昨年（2019年）3月13日に公認を受け、統一地方選後の4月半ば以降に選挙に向けた活動を始めたと説明。「(7月4日の公示まで）わずか2カ月半の間に、そういった活動や党勢拡大をしなければいけないということで、短い期間の間に資金が集中したと考える」と述べている。

まず、1億5千万円という金額から、自民党内での候補者対立が原因で金額が吊り上がったという背景を差し引いても、大政党の場合、選挙の裏では高額な金が動いており公職選挙法が選挙にかかる費用を抑えることができていないことがわかる。次に、「自民党の参院選は現職が6年間、新人でも1年半から2年前ぐらいには資金を貰うことになっている」という発言から、参議院議員の任期は6年であるから、当選したらすぐに次の選挙に向けた活動を始めている。つまり、隠れ選挙運動が展開されていることがわかる。確認のため繰り返すが、参議院議員の場合、法定の選挙期間は17日間であり、それ以前は選挙運動をすることが禁止されている。しかし、選挙のプロである自民党のような政党では、選挙の6年前には選挙資金が党から渡されているのである。公職選挙法の下で、5年と11か月と2週間、資金力のある現職政治家は選挙に向けて法的に上限なしで資金を駆使して隠れ選挙運動が可能であり、実際やっているのである。

さらに河井元参院議員は「(公示まで）わずか2か月半の間に、そういった活動や党勢拡大をしなければならないということで、(…）資金が集中した」とも言っている。6年かけて次期選挙への準備をしている現職相手に戦うには2か月半でも期間としては短いと判断し、それを挽回するために金がかかったというのである。つまり、選挙期間に入ると使える金額が制限されるので、それ以前にたっぷりお金を使いつつ事前運動にならない範囲で選挙運動をしなければならないという、なんともひねくれた状況を公職選挙法は作り出しているのだ。

前述したが、元議員もインタビューで「戸別訪問禁止の趣旨について、買収を防ぐためと最高裁は言っているが、選挙に伴う買収事件を分析すれば分かることですが、初対面の面識のない人を買収するということはリスクが高くて普通考えられません。買収は、既にある程度深い関係の知っている人を集めて行われているのです」と指摘してくれた。日本では、初対面、組織に属さない不特定多数の人を相手に選挙運動をすることは、約2週間という短い期間に制限されている。その前の長い間にできる中心的なことは組織づくり、組織まとめである。つまり、日本の選挙期間という規制は、候補者を買収に不向きな開放的な不特定多数の有権者から遠ざけ、買収に適した既知で閉じた人間関係に追いやっているといえるだろう。

まとめると公職選挙法の選挙期間の定めは、選挙期間前の支出に関しては制限がないため隠れ選挙運動の費用を制限できず、実際に国政レベルでは億単位の費用をかけている候補者が現在も存在するように、トータルでの選挙費用の抑制に役立っていない。むしろ、複数のポスター制作に代表される無駄な経費・マンパワーが要求されることで、資金力のない候補者を不利にしており、目的を達成できていないどころか逆効果になっている。さらには、選挙期間以前に不特定多数を相手に公で選挙活動が禁止されている結果、効率的に票を稼ごうとする候補は、既知あるいは知人の紹介で票を握っている組織のトップを回ることになり、買収が起きやすい閉鎖的環境を作っている。

その上、候補者という肩書で運動できる期間が短く設定されることで、お金をかけずにゆっくり時間をかけた地道な選挙運動の道が閉ざされるため、無名の新人候補と、政治活動を通じて名前の周知を図れる現職議員との間に著しい不公平を生じている。

また選挙期間のせいで、事前運動と政治活動という本来線引きのできないものに無理やり線引きしているため、選挙に不慣れな候補予定者の政治活動を萎縮させ、有権者の側からするとだれが潜在的な候補予定者なのか分かりづらく、かつ立候補者の政策等を吟味するための情報も時間も極端に限定される。

このように選挙期間の定めは、弊害ばかりで何も得るもののない規制といえる。私たちは河井議員に同情するところは全くない。しかし、青天井で資金を使えるがおおっぴらに選挙運動をすることはできない選挙期間前という意味不明な時期に、手元にお金がうなるほどあれば、これといって訴えたいことがないような候補者なら、肩書を付けずに地道に政治講演会を開くよりも、お金で票をまとめようという発想になったとしても驚かない。[17] 資金と経験のある立候補者にとっては選挙期間前までが票固めの本番で、選挙期間は名前の連呼と握手といった無党派層向けのおまけのルーティンワークであり、クーリングダウンのようなものなのだろう。自民党の元幹事長も、政党から政治家に支出される「政策活動費」について、「選挙が始まってからカネ出しても意味がない。始まってから買収やるバカはいない。選挙ではなく日常の経費」と、インタビューで答えている。[18]

3 半分しか保障されていない選挙権

供託金制度とは

選挙期間と並んで、供託金制度によって日本人の被選挙権（立候補する権利）は著しく侵害されている。しかし、実は多くの国民がこの供託金制度の存在自体を知らないか、名前は聞いたことはあってもきちんと理解していない。したがって、まずは制度に関して少し解説が必要であろう。

日本国憲法15条3項は普通選挙を保障している。普通選挙とは、「身分・教養・財産などによって制限を設けず、一定の年齢に達した者全員が平等に選挙権・被選挙権を有する制度」である。そうすると、憲法上全ての成人は平等に被選挙権を有するはずである。「はず」と書くのは、前述したが、憲法はあくまで「店の看板」なので本当に保障されているのかは個別の法律（店のメニュー）を見なければ分からない。この場合のメニューにあたるのは公職選挙法である。

確かに現在日本では、一定の年齢になれば、性別や学歴、納税額を理由に立候補を断られることはない。しかし、一定の年齢になったからといって誰でもすぐに立候補できるわけではない。日本の選挙では立候補するために、選挙管理委員会に法定の金額を予め預けないと出馬できない仕組みになっているのだ。その時に預けるお金を供託金という。そして、その選挙で決まっている数の票を集めないと、預けた供託金のなんと全額を没収されるのである。

この供託金没収ラインは有効投票数の○％以上という形で決められるが、選挙の規模により金額及び没収ラインが変わってくる。政令指定都市でない市議会議員選挙の場合、供託金は30万円であるが、政令指定都市の市長なら240万円、衆議院議員選挙や都道府県知事選挙になると300万円と高額になり、有効投票総数の10％という没収ラインを越えなければ没収となる。さらに比例区にいたっては、候補者1人当たり600万円の供託金を没収覚悟で預けなければならない。つまり、国政レベルの選挙に出馬しようと考えたら、小選挙区なら最低300万円をまず準備しなければならず、できない人間はそもそも立候補できないという仕組みになっている。新しくできた政党が小選挙区で勝つのは難しいから、せめて参議院選挙の比例全国区で党首一人でもいいから当選させようという計画を立てても、参議院の比例区に候補者を立てるには最低10名の候補者を立てなければならないというルールになっている。そのため、600万円×1＋300万円×9（1人は比例区、残り9人は地方区）の3300万円を預けなければ比例区で候補者を立てることができないのである（もちろん、比例区で10人の候補を立てようとすれば、600万円×10で6000万円必要になる）。

既に供託金制度の存在を知っており、不満に思っていた人もいるだろう。しかし、供託金制度は現在の日本社会で大きな問題として取り上げられてはいない。多くの人はこの制度を知らないか、あるいは制度は知っているが特に気に留めていない。しかし、他の民主主義国家の人間が日本のこの金額を知れば、大半の人は、「日本は民主主義国家と聞いていたけれど間違った理解だったな」と思うだろう。執筆者Tも、この制度と特にその金額を聞いた時は、選挙期間について知った時と同様、聞き間違いか、あるいはたちの悪い冗談かと思った。世界に類を見ないこれほど高額な供託金制度が日本にあるとEUに住む友人に話せば、みな一様に最初は何か誤解や勘違いがあると思うのだ。そのうち、本当に300万円預けなければ国会議員に立候補できないし、得票率が10％以下だとそのお金は没収されると理解すると、「とんでもない制度だ。なぜ日本人はそれをだまって受け入れているのか。日本の憲法はどうなっているの？」といぶかしがるのである。逆に、日本人と話をすると「どこの国でもそんなもんなんじゃないの？」という反応が意外と多い。「いや、フランスやアメリカ、ドイツでも国会議員や大統領に立候補するのに、供託金はないよ」と言うと、「えー、そんなに簡単に立候補できるの？」という反応が来る。つまり、日本人にとっては政治参加はハードルが高いことが当たり前で、低いと驚く。「そんなに簡単に立候補できるとまずいんじゃないの？」といった感じである。

繰り返すがフランスは特にハードルが低いのではなく、例えばＧ７の中で日本の他に供託金制度があるのは日本以外にはイギリスだけだが金額は10万円以下であり、日本の３００万円と比べると冗談みたいな金額である。[19] 誰にでも立候補する権利が保障されているのが民主主義国家の一つの条件だと考えれば、日本は民主主義国家を自称することをはばかるべき恥ずかしい状態なのだ。

供託金のもたらす弊害

被選挙権は憲法で保障された投票権と並ぶ参政権の一つであり、日本が民主主義国家を自認するなら国民の重要な権利のはずである。それにもかかわらず、国会議員として国政に参加するための第一段階の条件として、３００万円を準備することを要求し、それができない人は門前払いというのはどういうことだろうか。

１９２５年の普通選挙法制定以前は、納税額によって参政権は制限されていたが、この法律の制定により日本でも財産に関係なく一定の年齢に達しさえすれば投票できるし、また立候補もできる普通選挙制度になったと誰しも社会の授業で教わったはずである。しかし現実には、納税額による制限はないものの一定のお金を準備できない人間は法的に立候補できないように公職選挙法で規定されているのである。

この点、供託金制度は身分によって政治参加を制限することが目的ではなく、候補者の濫立、選挙妨害、売名行為を防ぐことが趣旨であると言われている。そう言われると、それもそうなのかな、と思う人もいるかもしれない。

が、あらためて具体的にイメージしてみよう。日本では、国政に参加するにはまず300万円を準備することから始めなければならない。供託金を擁護する人は、「いや、お金の有無で区別するのではない、真剣にやる気のある人間かそうでない人間かで区別するのだ。やる気のある人間なら、300万円を失うリスクをとれるはずだ」と言うのである。しかし、これはお金の価値というものが、個人個人によって相対的であることを無視した考えである。この金額は非課税世帯だからといって免除されることはなく、貧富の差に関係なく一律に課される。総資産何億という資産家や、党から億単位で選挙資金を渡される人間にとって、300万円を用意することも、失うことも大きな問題ではないだろう。その上、大政党の場合、得票率が没収ライン10%を下回ることはまずないので、よっぽどのことがない限り失うリスクは現実にはない。つまり、彼らは、さしたる覚悟もなく政治に参加することが許されている。[20] 実際、河井案里元議員は検挙されたときに、本当は政治家よりもファッションに興味があった、フランスに留学したかったと発言している。夫が議員だったことでスカウトされた訳だが、党から億のお金が配られている人間に300万円を要求したところで、本気度を担保できるわけがない。

これに対して、2021年の時点で日本では世帯収入127万円以下の人が人口の15・4%

を占め、約6人に1人となっている。[21] 彼らが国政に参加するためには、世帯収入の2倍以上のお金を用意しなければならない。彼らは子供の進学や老後のたくわえを犠牲にして政治を優先する覚悟が求められるのだ。

なぜ、一部の人だけがこうも重たい覚悟を要求されねばならないのか。このような状況で、経済力を理由に権利を制限していないと言い張る人間は、よほどの世間知らずか、何か別の理由で供託金制度を維持したいと考えていると思われても仕方ないだろう。

執筆者Yも学生時代、八王子市議会議員に立候補しないかと声をかけられたことがある。私自身は商法を専攻しており、政治や法律を専門にした大学院生も周りには多く、積極的に政治活動をしている人も少ないがいた。学生仲間と、今の政治のここがよくないとか、私だったらこうするなどと議論もしていた。そんな中で、市民団体で立候補者を探している友人から声を掛けられたのだ。そして、選挙運動はもちろんみんなで手伝うのだけど、市議会議員の供託金の20万円は候補者に準備してもらいたいのだ、と言われた。まだ学生の私にとっては、20万円の供託金ですら真剣に出馬を考えるのを思いとどまらせるのには十分だった。私自身の経験から、供託金は政治のことを真剣に考えさせ、いい加減な人を立候補させないというよりも、政治のことを一般人から遠ざけ真剣に考えてみようという気持ちに水を差す機能を果たしている。もしも、20万円というハードルがなければどうだっただろう。最終的に立候補しなかったにしても、もし議員になるなら今まで考えていた「私だったら……」という考えをきちんとまとめて、立候補に値するだけの主張や政策が自分にあるか考えてみよう、と思ったのではないか。

これに対して、それでも売名行為や濫立を防ぐこともやはり必要だというなら、非課税世帯なら一律5000円、それ以上は所得や資産の額から比例して算出するなどの工夫があればまだ説得力がある。

いやしかし、ここで原点に返って、そもそも何かに真剣であることや、能力があることとお金を準備できるかどうかを関連付けるのはおかしくはないか。経済的フィルターをかけることで候補者が減った結果、最終的に議員の質が向上すると言われて納得できるだろうか。例えば、高校野球の全国大会に参加するためにまずは300万円預けなさいと言われたらどうだろう。野球を真剣にやっていることと手元にお金があるかどうかは関係ないだろうと、誰でも言い返すのではないだろうか。本気で野球をやる気があるなら300万円ぐらい用意できるはずだ、と言われて納得するだろうか。こういう規制がなければやる気のない野球チームまで大会に参加して大会の質が下がると言われて、確かにそうだよなと、説得されるだろうか。説得される人はほぼいないだろうが、説得されたとして、実際にそのような制度が導入されれば、名門高校でOBたちがカンパしてくれる野球部の部員は練習に時間を使えるが、無名の弱小チームは出場費を稼ぐために練習時間を削ってバイトをしなければならず、練習に使える時間やエネルギーには差がつく一方である。中には、金集めのために、お金はあるが野球の実力は無い部員を、寄附金をはずませるため背に腹は代えられないとレギュラー入りさせる始末。そんなこんなでなんとかお金を工面して試合に臨んでも、強豪チームに当たってコールドゲームで負けた場合、300万円の出場費は没収される。再度チャレンジしようと思えば、また改めて300万円を用意しなければならない。やる気を失って野球を辞めれば、「やっぱりあいつらのやる気なんて、その程度のものだったのだ」と言われる。またしても無茶苦茶な例えだなと思うのだが、この例えが無茶苦茶なのではない、日本の供託金制度が無茶苦茶なのであり、日本政治の現状はまさにこの通りなのである。実際の高校野球の場合は各県で予選がある。決して供託金制度で出場校を絞ったりはしない。

別の例えをしてみよう。選挙に行くということは、どんな社会に暮らしたいかを選ぶことであり、どんな家に暮らしたいかを考えるのと似ているかもしれない。モデルハウス展示場を想像して欲しい。出展料が無料の展示場には個性派で奇抜な地元の小さい企業から、資金力のある大手ハウスメーカーまで十数件のモデルハウスが建っているのに対して、高額の出展費用をとる展示場には、モデルハウスは2軒しか建っていない。どちらに行ってみたいだろうか。フランスの選挙が前者であれば、日本の選挙は2軒しかモデルハウスがない展示場である。最終的に無難な大手の家を選ぶかもしれないが、それでも大きな買い物である。とりあえずどんな選択肢があるのかいったん全部見たくはないか。見たうえで、気になる数件に絞ってじっくり見てやっぱりこれだと納得して選びたくないか。しかし、日本で暮らす私たちは、「お客様が悩まないために、事前に展示するモデルハウスを限定してあります。そのために出展料を高額に設定して本気じゃない建築会社を除外しています」と言われて、2、3軒のモデルハウスだけを見せられるのだ。これを「ありがたい」と思うような人は、まさに家づくり（政治）に関心が無い人だろう。「社会（将来の家）」に関心のある人なら、「余計なお世話だ、モデルハウスが2、3軒の展示場なんてつまらない、どんな選択肢があるのかとりあえず全部見せてくれ」と思うのではないだろうか。ましてモデルハウスが1軒で、選択肢がないと言われたら、どうせ選択肢がないのに細かい細部まで確認したい気持ちになるだろうか。

例えを連発するが、来年から、医学部に入るためにはまずは300万円供託金が必要になります。この金額は家庭の経済状況で変更ありません。そうすることで、やる気のない受験生が減り採点にじっくり時間を掛けられるから医者の質が上がります、と言われて納得できるだろうか。経済的に余裕のない家庭の子が借金してまで受験することを諦めれば、本気じゃないからだ、と言えるだろうか。また、そのことで受験者数が外国と比べて半分以下になれば、やる気のない人を排除すると言いながらむしろ医者の質を下げているのでは、と思わないか。更にすすんで、定員割れして、供託金を納めれば誰でも合格できる医学部が全国の3分の1になった時、それでも供託金制度を続けるべきだと考えるだろうか。

ここまで例えを重ねるのは、やる気を供託金で測り、足切りすることのおかしさと弊害をはっきりと意識してもらいたいからだ。

ではなぜ政治に限ってお金でやる気や能力を測ることを承知するのか。確かに「高校球児と金」「政治家と金」というと、後者のほうがしっくりくる感じである。政治家は税金の使い道に関わっているのだから、高校球児と違い、お金を扱う仕事ではある。ただ、当然だが政治家が扱うのは税金であり、政治家個人のお金ではない。つまり政治家に要求される能力は、個人としての集金能力ではなく、税金という形で集まった金を、いかに公平に恣意を挟まず必要なところに分配できるかということのはずだ。にもかかわらず、政治家になるためにまずは自分の立候補のために金を集めて覚悟と能力を示せというのでは、的外れである。それどころか、選挙資金集めの際に企業等とのしがらみができてしまうことは、昨今のパーティー券問題からも容易に想像がつくのである。見返りを期待せずに大量にパーティー券を買う企業があるだろうか。このように、お金を本気度のバロメーターにする日本の公職選挙法は、「政治家とカネ」の問題の種をせっせとバラ撒いているようなものである。

他の先進国、特にフランスの現状

それでも「まずは３００万円預けろ」と言うことで一定の人間の立候補を排除することは、日本の政治家の質を保つために一定の役割を果たしているのではないか、と思う人がまだいるかもしれない[22]。日本の政治家の質が高いと本気で考え、微塵も疑わない人にはこの本は必要ないかもしれない。しかし、現在フランスをはじめとする他の先進国の多くは供託金制度がない。前述したように供託金のある国でも、イギリスのように国政レベルでも10万円程度のところがほとんどで、没収要件も日本より緩い場合がほとんどだ。

この日本の没収要件の厳しさは、東京都知事選を見てみるとよくわかる。都知事選の供託金は衆議院小選挙区と同じく300万円。庶民にとっては右から左に出せる金額ではない。2020年の都知事選の候補者は22名。そのうち供託金返還を受けられたのは、当選した小池百合子、宇都宮健児、山本太郎の3名のみ。残りの19名は全員全額没収された。返還を受けた山本太郎も、得票率は10・72%とぎりぎりだった。逆に4位で落選した元熊本県副知事の小野たいすけは9・99%とぎりぎりで没収。熊本県の副知事を8年務めたわけだから、政治家として一定の能力もやる気もあったことは間違いないだろう。しかし、日本の供託金制度からは、「有権者の十分な支持が得られていません。この程度の支持しか得られないような人間の立候補が増えると候補者の濫立を招く恐れがあるため、見せしめのため没収。もしまた立候補するなら、立候補する前にもっと真剣に票を読んでから立候補しなさいよ。じゃないと、また300万円無駄にしますよ」ということになる。日本の供託金没収ラインがいかに厳しいかが分かるだろう。

話を戻して、フランスには供託金がない。しかし、フランスで売名行為や濫立といったことが問題になったという話を聞いたことがない。濫立という話をすると、フランス国内の選挙ではないが、2019年5月にEU議会の選挙があった。フランスは一つの大きな選挙区になっており、候補者たちはチームになってリストを作り選挙に臨むので、日本の政党が候補者の名簿を作って臨む参議院全国区の比例選挙と似ているのだが、フランスではなんと34のリストが立候補した。これは、フランス人にとっても多い数字だった。直近の大統領選では11人が立候補しているので、その3倍以上だ。だが、選挙ポスターを貼るための掲示板が足りないという問題こそあったが、それ以外、特に困ったことは起こらなかったし、こんなに立候補があるので選べないとか、質の悪い候補者が多すぎるとか、売名行為、選挙妨害だ、といった不満の声は特に聞こえてこなかった。選挙後立候補を抑制するために何かしらの規制が必要だという話が持ち上がることもなかった。

このように、無条件にして沢山の候補があっても大した問題は生じないという実例を知っても、それでもなお無条件にすることに抵抗がある人に、次のことを言いたい。実は、フランスの選挙に供託金制度はないと言ったが、唯一大統領選に限っては候補者を絞る制度がある。それは、国会議員、フランスで選出されたEU議会議員、県議会議員と地域圏議員、及び地方自治体の首長の中から、500名の署名を集めることだ。500名というと随分厳しく思われるかもしれないが、一つ断っておかねばならないことがある。度重なる合併で、現在日本の市町村の総数は1742だ。が、フランスには、前述したが人口当たり日本の約40倍の3万4945（2023年1月1日）の市町村がある。その結果、署名する権利のある議員と首長の数のトータルは約4万2000人（2012年）となる。なので、このような制限を加えても、2017年は11名、2022年には12名が条件をクリアして大統領に立候補した。これらの候補の属する政党は、極右政党から極左政党まで幅広い。世界的に右傾化していると言われる現在でも、極左政党の候補者に推薦を与える議員や首長が500名以上いるというのも驚きだが、とにかく、大統領選の討論会では、ブランドのスーツに身を包んだ候補者がいる一方、年季の入ったジーパン姿で大統領討論会に臨む候補者もいる様子は、色々な考えをそれぞれが「代表」してこの場に臨んでいるということを象徴していた。

このように、供託金制度のないフランスでも、直接選挙で絶大な権力を握る大統領を選ぶ際には、一定の制限を設けている。つまり、高校野球の予選のようなものだ。高校野球では、野球の能力を一定程度持っているチームだけが本選に進めるようになっている。実際に現職で政治に携わっている議員や首長500人の署名を集めるというのは、大統領に立候補するための予選として的外れではないだろう。ただの売名目的や、一定の思想を基盤に持たない人物では500名の政治家の署名は集められないだろう。これに対して、日本は候補者の政治家としての能力と関係なく、経済力の有無を基準にしている。

ただし、フランスではこの500人の署名を集めるという条件さえ民主主義的でないという意見がある。ここ最近急激に支持率を上げた極右思想の候補者が500人の署名を得られず大統領候補になれないかも（結局のところなれたが）、という事態に陥りそうだったのだ。というのが、2016年の法改正によって、署名者の名前は全部公表されることになったのだ。そのため、過激な発言や思想を持つ候補者は、国民からは一定の支持を得ているにもかかわらず、極端な思想と結びつけられたくない首長らの署名を得にくくなったのだ。

また、多くの議員や首長を有している既存の政党からの候補にとって有利だから不公平だ、という意見もある。既存の政党に有利であること、議員や首長の政治感覚を有権者の感覚に優先させることを民主主義的でないと考えるわけだ。あくまで誰を候補者とするかは、その瞬間の民意が決めるべきだという考えだ。そこに民意以外のフィルターをできるだけかけないために、彼らは、立候補の条件は議員や首長500人の署名ではなく、一般の有権者の署名とした上で、全ての県から一定数以上の署名を集めなければならないという修正を提案している。[23]

売名行為、濫立の弊害を今一度考えてみる

日本では、このとんでもない供託金制度は、国民に立候補の自由を保障した憲法15条や、憲法44条が禁じた「財産・収入による差別」にあたるとして裁判に訴えている人たちもいるが、これまでのところ地裁、高裁と供託金を「合理的な制度」として合憲だと判断している。[24]これに対して、原告は最高裁に上告し裁判は続いている。日本の裁判所は概して違憲判決を出すことに対して弱腰なので、裁判所が合憲だと判断したのだから日本の供託金制度は妥当なのかな、と思う必要はない。[25]むしろ、判決文のなかの供託金制度を合憲だとする理由を検討することで、その論拠に説得力がないことを意識してもらいたい。

供託金制度を正当化するための決まり文句として、頻繁に用いられる「売名行為と濫立の防

止」という単語が判決文の中でも用いられているが、果たして高額な供託金を正当化するほどこの売名行為や濫立は防がねばならないものなのだろうか。

まず、売名行為とは何であろうか。選挙を通じて「政治家として以外の」自己あるいは自己の属する団体の知名度をあげよう、目立とうという目的の人だろう。この点、当選する見込みがないと自覚しつつ、政治家としての自己および自身が属する団体の政治的思想を周知させるための立候補は売名行為ではない。なぜならこれを売名行為としてしまえば、有力な現職候補がいる選挙で立候補する者はほぼ全て売名行為ということになってしまう。

なので、芸人や俳優の卵が特に訴えたい政治的事柄もないのに立候補することで知名度を上げてテレビでの仕事を増やそうとか、出演している映画や番組、商品の宣伝をすれば売名行為ということになるだろう。確かにこのようなことに選挙を利用することは本来の選挙の趣旨には反するだろうから、こういう立候補は無いにこしたことはない（フランスの現状を見ればそのような候補者は出ないと思われるが）。しかし問題は、国民の被選挙権という重要な権利を大幅に制限してまで防がなければならないことなのか、ということである。

そこで、百歩譲ってこのような売名行為に利用する人間が出たとして、何か大きな問題が本当に起こるだろうか。まず政治思想や政策もなくただ番組告知をしたくて立候補した人間がいるとしよう。彼は、選挙掲示板に自身のポスターを貼ることができる。政見放送をすることができる。選挙カーを走らせることができる。新聞やテレビで名前が報道される。しかし、ポスターを貼れるといってもそれは自腹なのだ。選挙カーを走らせるのも自腹だ。売名行為でさしたる政策もなければテレビや新聞で大きく取り上げられることはないだろうし、取り上げられるとしても批判的な評価で取り上げられ、同業者からは非常識な人間として白い目で見られ仕事がやりにくくなる可能性は十分にある。

有権者の側からすれば、明らかに売名行為の候補者は最初から無視すればいいだけだ。選挙ポスターや選挙カーのガソリン代等を公費負担で払い戻しを受けられるのは、供託金ラインと同様、有効投票数の10％以上の得票があった候補者だけであるから、売名行為による立候補が少々あっても、財政支出が大幅に増加して国の財政に大きなダメージを与えるようなことはない。前述したが、２０２０年の都知事選で、政治選挙費用の公費負担を利用できたのは小池、宇都宮、山本の３名だけである。繰り返すが有効投票数の10％以上がなければ選挙費用は公費負担とならないのだから、供託金を無くして候補者が濫立したとしても、選挙費用の公費負担を受けられる候補者はどんなに多くても最大で９名だ。むしろ候補者が増えれば増えるほど票が分散するので、払い戻しを受けられる候補者は減る理屈になる。

次に、濫立により有権者が混乱するという意見であるが、これは有権者を馬鹿にした発想である。これといった社会政策もなく思い付きで立候補したような候補者を無視するぐらいの能力は日本の有権者にはあるだろう。確かに恐ろしく短い選挙期間で、限定された情報（その代表が、名前を連呼するだけの選挙カーや笑顔で決まり文句しか書かれていないポスター）から誰に投票するかを選べと言われたら悩んでしまうかもしれない。しかし、ゆえに供託金で候補者数を絞るというのはおかしな話だ。子供に12色のクレヨンを見せて、「はい、どの色がいいか5秒で決めて」と言えば、聞かれる前から決めている子供ならいいが、そうでなければ悩んでしまうだろう。「5秒じゃあ決められないよ!」。この場合どうするのがいいだろうか? 普通なら、「じゃあ10分あげるから、よく考えてみて」というのが自然ではないだろうか。しかし、「決められない? じゃあ、先生があらかじめ2色を選んであげるわね。いつも1番人気の赤と2番人気の青の2色から選んでね。これなら5秒で決められるでしょ」というのが今の供託金制度を基盤にした日本の選挙である。つまり、候補者が多いと有権者が悩むというのであれば、選挙期間を延ばし(あるいは選挙期間という概念を無くし)、かつ候補者の考えがきちんと有権者に伝わる仕組みを作るのが正当なやり方のはずだ。にもかかわらず、有権者の判断を仰ぐ前に候補者に絞りをかけてしまうというのは、日本の有権者と選挙システムが他国よりもレベルが低いことを前提にしているようなもので、これまた供託金制度を正当化するだけの理由には到底ならない。

また、フランス大統領選を例にとれば、11人の候補者の政策はどれもこれも似通って選ぶのが大変だということにはなっていなかった。実際には、極右、中道右派、中道、中道左派、極左、立ち位置がよくわからない人、と分けることができる。そうすると、実際に自分が選ぶ可能性のある候補者は最初から2~3人に絞られるのだ。そこからじっくり政策や人柄などを考え1人に絞る。混乱するほどの人数ではないのである。

これに対して日本の場合、最初から選択肢は一つしかないか、あるいはそもそも選択肢がない、ということも珍しくなく、むしろ選択肢が少なすぎて有権者を悩ましているのが現状だ。私の周りでは、「候補者の中に、この人だけは絶対嫌だという人はいるけど、この人に投票したいというほどの人がいないから、選挙が面白くない」と言っている人がかなりいる。

この、ごく当たり前のように言われる、売名行為と濫立防止という供託金制度の趣旨であるが、他国のように10万円程度のものならいざ知らず、300万円という高額な金額で民主主義の根幹を支える重要な権利である被選挙権を侵害し、有権者から選択肢を奪うだけの理由としては、全く説得力がないのだ。

むしろ逆効果の供託金

さらにこの供託金制度は、本当に売名行為を防止するという効果さえも果たしているのか。むしろ売名行為を助長しているのではないかという疑いさえ感じる。というのは、前述したようにフランスでは供託金をとっていないから候補者が濫立して困る、売名行為に利用されて困るという話は聞かない。国会議員の場合、大統領選と違い議員や自治体の首長500名の署名というハードルもなく誰でも立候補できるが、一般的に候補者は10人前後であり特に濫立して困るといった事態ではない。候補者の質も、日本と比較して候補者の思想の幅は広いが、質が特別低いということもない。もしかしたら競争がある分、むしろ高いように思われる。

先ほど取り上げた東京都知事選（2020年7月）であるが、実は候補者は22名であった。ここまで読まれた読者の方はすぐに気づかれるであろう。日本では通常、知事選、政令指定都市市長選、衆議院議員小選挙区の場合、候補者は通常2～3名、4名いると多いなという感じがする。しかし、都知事選の場合は22名。なぜか。まずは東京の人口が多いということが一つの理由だろうが、それよりもやはり他の選挙と違って、唯一全国的に注目される自治体選挙であり、できるだけ多くの人に見られたいと思う人にとっては、300万円出してでも出たい！と思わせる場なのではないだろうか。直接有権者に選ばれた人間が、東京都という日本国内だけに限らず世界でも有数の大都市の長として君臨するわけであるから、有権者も報道機関も他の選挙よりも熱が入るのは自然である。つまり、日本の選挙の中で、もっともフランスの大統領選に近い注目度の選挙と言える。

裏を返すと、日本において日本中の視線を集めるような選挙は都知事選しかなく、衆議院選をはじめ大半の選挙は世間の注目を集めたいだけの人間にとって面白みのない場と言える。実際に売名行為といえるような立候補者はほとんどみかけない。つまり、現在の供託金制度は、都知事選以外の選挙では起こる可能性のほとんどない売名行為や濫立を防ぐという理由で、資金力のない市民や小さな政党を、政策の良し悪しと関係なく選挙から排除していると思われる。

では、都知事選の供託金は意味があるのか。これも疑わしい。なぜなら、現に供託金があるにもかかわらず、２０２０年は22名の候補者がおり、申し訳ないが、そのかなりの部分は都知事としての政策や社会ビジョンがはっきりしない候補者であった。何が言いたいのかさっぱりわからない人、主張はあるものの都知事選とはあまり関係ないことを主張する人、自分が都知事になって何かをしたいというよりも小池百合子はいやだというだけの人。このように、むしろ都知事選は、世界一高い供託金でも何だかよく分からない候補者を防ぐことができないことのいい見本のような選挙だ。

そうすると、「いやいや供託金があるからこの程度で抑えられているのであり、もし抑えられてなければもっととんでもない候補が沢山出てくるに違いない」と言う人もいるかもしれない。だが、先ほども述べたように、たとえ売名行為が多発し候補が濫立したからといって、何が問題なのだ。毎回都知事選には都知事選を利用して都政と関係のない自己主張をしようとするかなりの数の立候補者がいるが、彼らが選挙を何か混乱させたり、結果に大きな影響をあたえたりしただろうか。実際22人中18人は得票率１％以下であった。供託金を無くして立候補者が30人だろうが50人に増えようが特に問題があるとは思えない。このさして大きな問題にならない目立ちたがり屋を排除するために、無名ではあるが能力のある候補者まで排除してしまう方がよほど大問題である。

そして、パラドックスであるが、供託金がなくなることで、的の外れた候補に対する有権者の見方が厳しくなり、一定の社会政策をもたない候補者は立候補しにくくなるのではないか、と私たちは思うのである。というのは、これはあくまで私見だが、念のため全部の候補者の主張をビデオ等で確認したところ、候補者の中には「自分は300万円払っているのだから、少々的が外れていようが、都政と関係なかろうが、好きなことを言う権利がある」との発想になっている人もいるように感じた。また有権者側には、「この人はこのために300万円という大枚をはたいているのだから、言っていることは訳が分からないけど多少大目に見てやるか」という同情のような気持ちが生まれているようにも感じる。私自身、彼らの多くの主張は都政とあまり関係ないと思いながらも、腹が立つというより「このために300万円かあ」と同情する気持ちのほうが強かった。

想像してほしい、例えば、市の主催でダンス大会があったとしよう。出演料は50万円と高額だ。その代わり、優勝者には100万円の賞金と、ゴールデンタイムのダンスショーへの出演が約束されるとする。ただしプロの招待ダンサー（招待なので出演料は払わない）が3人大会に参加する。こうなると、趣味でダンスをしている人たちの多くは、「高額な参加費を払ったところで一般参加者が賞金を手にすることはないな」と考えて参加を見合わせるだろう。そのため、一般参加者のダンスのレベルは当然下がる。一方、中には、ダンスをせずに普段練習しているカラオケを披露する人、自分の日記を読むなんて人もでてくる。しかし見る側は、「しょせん素人のレベルは低いから、的外れでも面白ければまあいいや、大目に見よう。本格的なダンスは招待ダンサーで楽しめばいい」という気持ちになるのではないだろうか。まして、参加費（供託金）の金額を知っている人なら、「人前でこの程度のパフォーマンスをするためによく50万円も払うよな～、その根性だけは認めよう」なんて感心したり同情したりするかもしれない。

これに対して、出演料無料で優勝者には賞金100万円とテレビ出演が約束されるダンス大会だったらどうだろうか。プロもアマも沢山の真剣にダンスをするグループが参加してハイレベルの戦いになるのは間違いないだろう。こうなると必ずプロが勝つなんて保証は全くない。こういう真剣に練習を積んできた出場者の中に、ダンスを踊らずカラオケを歌う人や、関係ない話をする人がいればどうだろうか。レベルの高いアマチュアがいることを知っている見る側は、シビアになるのではないだろうか。「ここはダンス大会の会場だ、来る場所を間違えているぞ！　ダンスをする気がないなら出るべきじゃない！」となるのではないだろうか。

つまり、供託金がなくなり、政治家としての思想、それに基づくビジョンと政策のある人間がどんどん立候補しだしたら、政治以外のことを主張したり、ただ目立ちたいだけでパフォーマンスをしたりする候補者は肩身が狭くなるのではないだろうか。もしそれでも、目立ちたがり屋が思いのほか多く都知事選と関係ないパフォーマンスをやる人間が多すぎて落ち着いて政見放送が見られないというのであれば、例えば東京都の自治体議員や都民の一定数の署名を集める等、お金を基準としないフランスの大統領選のような制限をすればいいだけだ。

「売名行為をせずに日本では選挙に勝てない」という皮肉

売名行為といって最初に思いつくのは、できるだけ人に名前を知られたい職業である芸能人、タレントによる選挙の利用だろう。供託金制度のないフランスでは、選挙を通じて知名度を上げようと考えて新人タレントや落ち目の芸能人が立候補し世間を騒がすような現象が定期的に起こってもおかしくなさそうだが、このような現象はない。フランスでは芸能人から転身した政治家はほぼ皆無である。これに対し日本では、皮肉なことに、人気商売であるタレントや元スポーツ選手が議員になる、いわゆるタレント議員が相当数存在する。

どうして日本ではこのような現象が起きるのだろうか。それは、供託金があまりにも高額で、かつ没収要件が厳しいこと、そして選挙期間が極端に短いため、無名の新人候補が選挙期間中に名前と政策を周知徹底することが現実上ほぼ不可能であることが原因だ。なぜなら、短い選挙期間で平均的な有権者がじっくりと政策の優劣を比較し投票することは難しく、選挙告示前の知名度やイメージの良さがそのまま得票率に反映されやすい。結果、新人候補であるにもかかわらず没収要件をクリアし当選することが比較的容易な人間は、既に名前を世間に広く周知されている人間、つまり芸能人やスポーツ選手といった有名人ということになる。特に選挙区が広く名前の周知が難しい参議院の全国区などはその傾向が顕著になる。笑ってしまうが、供託金で売名行為を防ぐというが、そもそも異常に短い選挙期間のせいで、日本の選挙制度は売名行為に全く不向きな制度なのである。

そして皮肉なことに、政治以外の目的で選挙を利用することを許さないと言って世界一高額な供託金を課すことで、結果として、政治に地道に取り組む無名の一般人を選挙から遠ざけ、政治以外のジャンル、つまりスポーツの業績やタレント活動で蓄積された知名度を利用して政治家になる人間を増やすような状況を作り上げているのである。実際に、ここ最近の国政レベルでできた新党は、大阪維新、れいわ新選組、N国党、参政党の4党だ。いずれの党も中心となった人物、橋下徹、山本太郎、立花孝志、武田邦彦は全員、タレント弁護士、俳優、YouTuber、タレント学者と、メディア上で以前から知名度のあった人物ばかりなのである。日本で新党を立ち上げ議席を獲得したければ、まずは他業界で売名行為をしなければならない。

4　公職選挙法の欠如

ここまでは、公職選挙法の〝べからず法〟としての側面を説明してきた。いかに候補者に自由に選挙運動をさせないかが目的のような規制が山積みである。これに対して、必要と思われる規制がなされていない側面もある。それはメディアへの規制である。

フランスには選挙期間という発想はないと述べたが、これは「候補者の行動を制限するための概念としては」という意味である。実は、フランスにおいても選挙前に特別な期間が定められている。しかし、これは日本の選挙期間とは正反対の意味を持っている。というのは、この期間に行動を規制されるのは、各候補者ではなくテレビとラジオという2大報道機関である。

まず、大統領選挙前の2週間、これらの報道機関は選挙報道に関して「絶対的平等」を要求される。つまり、すべての番組において、候補者を呼ぶならばすべての候補者を呼ばねばならないし、発言を求めるのであれば同じだけの時間を各候補者に与えなければならない。最有力候補にも、当選の見込みが全くない弱小政党の候補者にも同じだけの時間を割かねばならない。

実際に、フランスでは独立した行政機関である視聴覚およびデジタル通信規制局（Autorité de régulation de la communication audiovisuelle et numérique、略称：Arcom）が大統領選挙における候補者たちのメディアでの出演量が公平・平等であるように監視している。[26] 以前は選挙の5週間前から報道の絶対的平等が要求されていたが、2016年の法改正以降、絶対的平等が要求されるのは最後の2週間となった。投票日の5週間前から2週間前まではメディアにおける候補者の出演量が「平等」から「公平であるべき」に変わった。[27] 大統領選挙以外の選挙においても、期間は選挙によって異なるが選挙前数週間は報道が「公平であるべき」ことが法律によって求められている。このような背景があるからだろうか、新聞は規制の対象ではないがそれでも各候補者をできるだけ公平に扱うべきだという意識は強い。

日本の公職選挙法は、「平等」「公平」の名のもとに、選挙期間を定め、選挙活動のやり方一つひとつを事細かに規定し候補者、候補予定者を縛っていることを紹介してきた。それにもかかわらず、報道機関に対して各候補者を公平に扱うことを要求する規制は公職選挙法にはない。[28]

そのためフランスの報道機関と比較し、日本では各候補者を平等に扱うという意識は非常に弱い。国政政党に所属しない無名の新人などおよそ勝つ見込みのない候補には「泡沫候補」というレッテルを貼り、明らかに差をつけた報道をする。このように書くと、おそらく日本の報道機関はそのようなことはないと反論するだろう。しかし、日本のテレビ番組や新聞では、有力候補と判断した候補については写真入りで政策を紹介するが、マイナー候補については名前を読み上げられることもなく十把一絡げで人数だけ報道され、新聞でも紙面の隅の方に名前と経歴が掲載されるだけということは珍しくない。フランスの選挙報道に慣れている執筆者Tはこのあからさまに偏った日本の選挙報道に首を傾げずにはいられなかった。

実際にこの報道格差について、２０１６年の都知事選では、候補者6名が「偏向報道の是正」を求める要求書を在京キー局や放送倫理・番組向上機構（ＢＰＯ）に送付し、記者会見を行っている。民放放送局では主要な候補者3名に報道時間の95％以上が割かれ、残りの数％しかその他の18名に使われなかったという。[29]

しかし、公職選挙法に規制がないとはいえ、この報道の偏りは本当に不思議である。執筆者Tは大学の教員であるが、普段日本社会は平等にこだわる傾向が強いと感じている。例えば、大学入試で共通テストへの記述式試験の導入が見送られた大きな要因は、採点者によって差が出てくるため不平等だという考えである。もちろんいろいろな理由があるが、巷で一番目に挙げられるのは採点者によって差が出ることに対する不満だといって差し支えないだろう。フランスではバカロレアと呼ばれる高校卒業試験の合格者は、国立大学への入学の資格を得ることになる。バカロレアに不合格ということは浪人（留年）を意味する。が、この卒業試験は100％記述式の論文試験であり、もちろん、一人の人間がすべてを採点することなどできないので、多くの人間が手分けして採点する。当然多少の不平等は生じることはみな分かっているが、多少の運不運があるのは仕方ないと、みな割り切っている。[30]これに対して、日本では試験の一部分に記述式を入れることさえ不平等を理由に進まない。平等に扱われることを非常に重視している。

確かに新聞も、普段は政治的中立に非常にこだわっている。「事実を中立に伝えることが使命だ」というこの態度は、フランス人にとっては「中立にこだわりすぎて、それぞれの新聞社の政治的立ち位置が見えないためつまらない」と思ってしまうぐらいである。にもかかわらず、本当に中立や平等が求められる選挙報道において候補者間の不公平な扱いを当然のように展開するのはなぜなのだろうか。政治的立場での差別ではなく、当選可能性の高低で差別するのである。

この点、不平等な扱いをする理由に関してメディア関係者は「政党助成法」を根拠にしている。つまり、「政党交付金をもらっている政党だけ詳しく紹介する」という暗黙のルールが存在しているようである。[31]これについて、報道機関側の言い分を想像してみるに、「日本の政界は非常に閉じており、そのため新しい思想に基づく無名の候補者が躍進し、選挙結果に影響を与えることはほぼないという現状がある。そのため選挙結果に影響を及ぼさない候補のために限られた紙面を割くのは無駄なことであり、当選可能性が相当程度ある候補者の詳しい情報を読者に届けることの方が読者や有権者にとって有益である」と報道機関自体が無意識に判断しているのではないだろうか。

しかし、前述してきたように公職選挙法の供託金という経済的負担、選挙期間をベースにした行動制限によって、日本では新しい政党や無名な新人候補者は著しく不利な環境に立たされている。それに加えて、本来中立であるべき報道機関までが選挙結果に影響を及ぼすと思われない候補者についてては最低限の紹介だけでよいという姿勢をとれば、無名の新人候補者には三重苦である。報道機関は、マイナー候補者を不利に扱い、日本の政界が新陳代謝できない状況を助長していることをもっと意識するべきである。

このような扱いがもし受験で行われたらどうであろうか。「直前の模試の結果、合格可能性の高いB判定以上の人間は、空調の効いた快適な試験会場で受験できるのに対し、C判定以下の受験生は、屋外の仮設会場で受験しなさい」ということになればどうだろうか。「受験会場の設備は限られているので、合格の可能性の高い人に優先的に快適な環境を割り当てているのである」という説明に納得するだろうか。

２０１７年のフランスの大統領選では11人の候補者が立候補した。有力候補と言われるのは、右派のフィヨン。この人が最有力候補だったが、後に金銭スキャンダル（政策秘書にしていた妻が名前だけの飾りだったことが判明）で減速。社会党のアモン、それよりも左派のメロンション、前大統領の下で経済担当大臣（国会議員ではなかった）をしていたマクロン（結局フィヨンの減速で票が流れて大統領になる）が中道。この5人を除く、あとの6人はまず大統領になる可能性はなかった。しかし、投票前のディベートには全員を呼び、同じだけの時間を与えなければならない。もちろん、有力候補ではない候補者の意見や政策を聞くと、その時点では極端なものや過激なものが多く直ちに大多数の賛成を得るものではないが、少なくとも「このような思想や立場があるのだ」ということが、テレビを見る全ての国民に周知されるのである。フランスではビラに加え、報道機関のおかげで、全ての候補者を選択肢の中に入れたうえで選ぶか選ばないかを有権者は判断することができる。

日本の現状は、弱小候補の名前や政策を有権者に周知することに報道機関は非協力的なばかりか、選挙の結果に影響を及ぼさない候補者（泡沫候補）というレッテルを貼り、有権者の選択肢からあらかじめ排除している。まるで、「この柄は派手すぎてあなた好みじゃないから、試着しなくていいわね」と、あらかじめ子供の好みを決めてかかる過保護な親の態度である。

選挙報道においてマイナー候補も公平に取り上げることの持つ啓蒙的な側面を強く意識できる例として、「環境」という論点を取り上げてみたい。多くの先進国で緑の党に代表される環境政党が一定の議席を有しているが、日本では一人も国会議員を輩出できていない。この現状を見ると、「日本人は環境意識が低いのだ。確かに、2年連続ＣＯＰ（気候変動に関する国際連合枠組条約締約国会議）で化石賞という不名誉な賞をもらうぐらいだからね」と、国際的に評価されても仕方ない。実際、フランスのテレビ番組が日本の都知事選を取材した時、フランスの取材班は日本では国政レベルで環境政党が存在しないということを知って驚いていた。

これに対して、私たちはどう反応するだろうか。「そうです、日本人は環境意識の低いダメ国民です」と認めるのだろうか。先進国で豊かな生活を享受しながら、地球の自然環境には関心無し、「未来の子供のことは私たちには関係ない」というような無常観（無責任？）が日本の文化なのだ。「島国根性のせいで地球規模のことに関心を持てないようＤＮＡに刻まれているのだ」との日本人論で開き直るのか。現実に、開き直るまで行かなくても、日本人を諦めている日本人は結構いる。日本人はそんなにダメな国民なのか。私たちの答えは、半分イエス、半分ノーである。

70年代に先進国では環境問題を一定数の人が意識するようになった。この時点で、日本にもそのような人たちは存在し、特に遅れてはいなかった。しかし、その時点から供託金のない国では、当然だが常に継続して細々とではあっても環境政党の候補者が立候補をしている。どの選挙区にも１～２人の環境のことしか言わない候補者が毎回あちこちで立候補し、選挙が近づくとその候補は当選の見込みに関係なく環境の話ばかりする。地球の環境が危機的だと繰り返すのである。有権者はその候補に投票することはなくとも、その意見を耳にしなければならない。

これに対して日本はどうだろう。環境破壊の担い手は多くの場合企業であるから、環境政党の打ち出す政策は企業にとって面白くないものになる。当然企業からの献金を受けることはまずなく、経済的に余裕がない。環境政党に資金的余裕がないのはどの国でも同じだが、日本では、環境政党も候補者を出すためにまずは供託金を工面しなくてはならない。借金して工面すれば、その後は借金を返すという他の先進国の環境政党にはない重たい負担があるため、日本で候補者を出し続けるのは簡単なことではない。その上なんとか資金を集めて候補を出しても、短い選挙期間のせいで政策の周知は難しく、更に報道機関からはマイナー候補のレッテルを貼られ報道の対象からは外される。その積み重ねの結果が、現在の日本人の環境意識の低さの一因だと私たちは見ている。

つまり、もともと日本人は他の先進国と比べて環境意識が特に低い国民ではなかったはずだが、日本の選挙制度が資金力・知名度の低い政党に対して不利にできている上に、報道機関による不公平な扱いがあるため、有権者は選挙を通じて新しい思想や情報に触れることが少ない。結果として半世紀足踏みしている間に、相対的に環境意識が低い国民になってしまったのだ。環境意識の低さは日本人に生来刻み込まれている性質ではなく、選挙制度によって植え付けられた新しい国民性だと私たちは考える。

世界情勢、地球環境は刻々と変化している。他の先進国での環境政党の発展の歴史を見ると、選挙での思想や政策の周知というものは一回限りのものではなく、積み重ねの重要性がよく分かるのである。その時点の選挙で当選の可能性が全くない候補者であったとしても、その考えや政策を周知し有権者がそれを知ることには重要な意味がある。公職選挙法で公平な報道を義務付けるべきだろう。

ここで、日本の報道機関の肩をひとつ持つとする。日本では供託金制度の下、お金があるだけで特に政策を持たない候補も出てくる反面、魅力のある候補者でも日本の選挙制度と報道の在り方を熟知していれば馬鹿馬鹿しくて最終的に立候補しないという背景がある。その結果、紹介したくなるような無名候補者が少ないと言えるかもしれない。しかし、それならば報道機関のすべきことは、無名候補を泡沫候補と言って無視するのではなく、多くの無名の候補者の障害となっている選挙期間や供託金制度といった公職選挙法の問題をもっと積極的に報道するべきだろう。

5　公職選挙法が抜本的に改正されない理由

「普通選挙法」という「通称」の持つイメージに惑わされている

供託金制度、選挙期間、細かい規制がある反面、必要なメディア規制はしないという、本当に民主主義の観点からはとんでもない公職選挙法であるが、抜本的な改正がなされる様子は微塵もない。[32] いくら投票権が平等に認められていても、立候補する権利に差別があれば民主主義ではないというのは、中国を見れば明らかである。中国でも選挙権は18歳以上の国民に平等にある。にもかかわらず民主主義国家と言われないのは、共産党に正面から反対する者には圧力がかかり事実上立候補できず、立候補の自由や選挙運動の自由が保障されていないからである。公職選挙法は、供託金という他の民主主義国家ではあり得ない高額な金銭を立候補の条件とし、短い選挙期間以外での選挙運動をさせない。中国が事実上であるのに対し、日本は法的に立候補の自由や選挙運動の自由を大きく制限している。政治的に多少の知識のある中国人なら、立候補に条件があるため中国は民主主義国家とはいえないことを自覚しているのに対し、日本では比較的政治に知識のある人でも、立候補に条件があり選挙運動が制限されているため日本が民主主義国家として欠陥があると認識していないことは珍しくない。なぜこの不完全な制度が長年放置されてきたのか。その一つの理由は、公職選挙法の前身である改正衆議院議員選挙法の学校教育での扱われ方である。

日本では1925年（大正14年）まで、選挙権及び被選挙権は一定の税金を納める男子に限られていた。このような選挙を制限選挙という。ここからがポイントだが、現在日本の学校教育では歴史や公民の授業で、大正デモクラシーの動きを受けて、1925年（大正14年）に普通選挙法が成立し普通選挙制度が日本に導入され、成人男子に無条件で選挙権が与えられ、有権者数が国民の5％から20％へと大きく増えた、その後1945年（昭和20年）の公職選挙法成立で、性別による制限も撤廃され成人した国民誰もが選挙に参加できるようになったと、一般的に教えられる。これ自体は必ずしも嘘とは言えない。

ここから注意してもらいたいのは、1925年当時このような普通選挙法の成立によって社会主義思想が広まることを恐れた政府は、普通選挙法の成立の直前に治安維持法を制定したと学校で習うのである。そのためこの二つの法律は、「飴と鞭」によく例えられ、普通選挙法が日本の民主主義を進めるアクセルの役割を果たしたのに対して、自由な政治活動を制限する治安維持法は民主主義を抑圧するブレーキの役割を果たしたと理解されている。具体的には治安維持法が当時台頭してきた社会主義運動の取締り・言論弾圧を目的としていたと習うのである。

しかし、この学校で習う内容には大きな問題がある。

まず実際には普通選挙法という名の法律は制定されていない。衆議院議員選挙法という法律を全面改正した法律の「通称」が、普通選挙法なのである。「普通選挙」というと、身分・教養・財産によって差別せず、一定の年齢に達した者が平等に選挙権・被選挙権を有する制度と考えられている。確かに、この改正された衆議院議員選挙法は、選挙権（投票権）に関しては、成人男子については条件がなくなり民主主義を前進させた。なので、この改正衆議院議員選挙法と「普通選挙法」という言葉の間に矛盾はない。しかし、この改正を機に被選挙権（立候補する権利）に関しては納税額による制限がなくなるのと同時に、供託金という新たな制限が設けられたのだ。そのため、実質的には改正前同様、有権者の多くが経済的な事情によって立候補することが極めて困難な状況が引き継がれ今も続いているのである。

「1925年の衆議院議員選挙法改正（通称：普通選挙法）」成立、以前と以後

	投票権	被選挙権	供託金	戸別訪問	選挙期間
1925年以前	一定額以上の納税者		ない	できる	規定なし
1925年以降〜現在	納税の条件は廃止		ある	禁止	規定あり
	学校で教える		学校で教えない		

更に選挙運動に関しては、それまでなかった選挙期間という概念が生じ、それまでほぼ自由に行えたものを原則全面的に規制し民主主義を大きく後退させたのである。つまり、改正衆議院議員選挙法（普通選挙法）は、選挙権を大衆に開放する一方で、立候補には、納税額に代わる供託金という新たな足枷をし、更には自由だった選挙運動を全面的に規制したのだ。これは、選挙権を平等に認めながら、共産党以外からの立候補を抑圧する中国政府のアプローチの仕方と似ている。年収や納税額で被選挙権を制限すれば差別が露骨すぎて反発を受けることは必至であるが、被選挙権自体には条件を設けず一見誰でも立候補できるように見せながら、別の項目で、一般大衆では右から左に動かせない金額を供託金として要求するという巧みな手法がとられている。

　思い出してほしい。普通選挙法については中学の歴史の授業で習うが、この法律の負の側面について学校で習ったという人はまずいないのではないか。普通選挙法（＝改正衆議院議員選挙法）によって、選挙権の面では民主主義を進めたが、被選挙権と選挙運動という二つの面では、むしろ民主主義は後退した。そして当時、治安維持法という明

らかに民主主義を抑圧する悪者が別建てで制定されているため、普通選挙法（改正衆議院議員選挙法）は正義の味方になってしまい、普通選挙法それ自体の中に内包されている民主主義への抑圧（ブレーキ）機能について、教育課程で意識するチャンスがない。他の民主主義国家ではあり得ない被選挙権と選挙運動へのコントロールが、日本では戦後も一貫して改正されることなく21世紀になっても続いているということは、学校教育では取り上げられない。普通選挙法で大衆も投票できるようになったが、治安維持法によって大衆の政治参加は抑圧された。しかし、治安維持法は１９４５年にＧＨＱによって廃止された、めでたしめでたし、という流れで説明される。

本来なら、１９２５年の改正法に正確な通称を与えるならば「民主主義への一歩を踏み出すと同時に半歩後退した法」とでもするべきであった。しかし、「普通選挙法」という通称がついてしまったがために、他の先進国の選挙制度と比較すると「異常」に高額な供託金を筆頭に、到底「普通」とは言えない理不尽な規制だらけの選挙制度であるにもかかわらず、「選挙権・被選挙権」がともに誰にでも平等に認められた「普通選挙制度」になったと勘違いされ、１００年前に半歩を踏み出したところで止まってしまった。いや正確には、衆議院議員選挙法の度重なる改正によって、供託金は増額され、選挙期間は短縮されるなど、むしろ選挙の自由を拘束する側に働く改正も多く、日本の未熟な選挙制度は１００年前から進んでいないどころか部分的には後退しているかもしれない。

立候補する権利を満足に享受できるのはごく限られた富裕層、世襲候補、および経済的に余裕のある大政党からの候補者といった一部の人間に限られ、大半の一般大衆には相変わらず政治に参加するために多くの犠牲を要求する公職選挙法を、未だに「普通選挙法」だと学校教育を通じて刷り込まれていることが、改正論が大きくなりにくい要因の一つではないだろうか。

公職選挙法が改正されない文化的背景

公職選挙法が改正されない理由について、もっと広く文化的背景からも考えてみたい。というのは、公職選挙法は読めばわかるが、多くの禁止事項と、例外的に許される選挙運動にも無数の決まりがある。これがフランスなら、こんなに細かい規制はいらないだろうと文句をいう人間が次々に出てきて、より簡潔なルールになるのではないかと思うのだが、日本ではなかなかそうはならない。

この背景には、公職選挙法に限らず、日本社会では多くの場面で細かい規制が存在するため、平均的な日本人には規制されることに対して免疫があり、理不尽な規制に対しても文句を言う人間が少ないのだと思う。なぜ多くの決まりごとがあるのだろう。

校則およびPTA活動

日本はルールや決まりごとが多いといっても、日本以外の国で暮らしたことがない人にとってはピンとこないかもしれない。例えば最近ようやくその理不尽さに注目が集まりつつある校則。制服やカバン、靴下の色は当然のことながら、男子中学性だったら髪を染めることやツーブロックがいけない。流石に坊主頭の強要は人権侵害として校則から消えたが、高校の部活の規則としては未だに残っている。女子学生なら、髪の毛が肩に付いたら結ばないといけない。また、その結ぶ位置（高さ）も決まっているという学校も珍しくない。フランスから日本に帰国して地元の公立中学校に編入した息子と制服を準備した私（執筆者Y）はそのルールの多さにびっくりしたのである。渡された校則では下着の色まで指定されていた。実際に登校し始めると、下着の色など見えないところの校則は守られていないことが分かりホッとしたが、それならばなぜこのような校則が残っているのだろう。ばれなければルールを破ってもいいという悪い発想が身につくのではないかと思ったのである。

これに対して、フランスでは公立の小学校、中学校に子供を通わせたが、子供たちの服装や髪型について全く校則はなく、入学時に何の指導もなかった。私、執筆者Yは日本で生まれ育ち、高校まで公立に通ったが常に制服があったので、最初は外見に関して校則がないということは本当にカルチャーショックだった。日本よりも規則が少ないだろうとはなんとなく想像していたが、ここまで服装や外見について規則がないとは予想していなかったのである。確かに、フランスでは小学生でもピアスをしている子や、髪型もドレッドヘア、天使のようなフワフワの金髪の子もいれば、真っ黒な髪をワックスでぴっちりとなでつけている子、アフロヘアを編みこんでジャラジャラビーズを付けている子、中学生の男子だともじゃもじゃにひげを生やしている子もいた。外見に力を入れている子もいれば無頓着な子と千差万別であったが、そのことが何か授業に差しさわりがあるふうでもなく、むしろ見ていて単純に面白かった。

服装で唯一指示があったのは、水泳の授業が始まった時だった。水着については、ポケット無しでピタッとしたもの、という指示があった。これは、ポケット付きのレジャー用水着だと、ポケットに海の砂が入ったまま来てプールの水を汚す子供がいるからということだった。これは学校のルールではなく、生徒たちが授業で利用する公営プールの規則であり、子供だけではなく他の大人の利用者(もちろん先生)も守らなければならなかった。

学用品では必要なものは言われるが、細かい指示があったのはノートの罫線の種類と鉛筆替わりの筆記具のインクの色(黒か紺)ぐらいだ。体操服も自由。靴も、スニーカーの子もいればサンダルの子もいる。休み時間に走り回るのにサンダルは困るだろう、と思うのだが、快適に走り回りたければ子供自身がスニーカーを履くだろうと子供と家庭の判断に任されていた。

ルールや前例の多さの違いをはっきり感じたのはPTA活動だ。私の子供の通った日本の幼稚園、小学校(計4つのPTAを経験し、役員も何度かした)では、どこのPTA活動でもイベントがあると手順やルールが予め細かく決めてあった。例えば夏祭りでは、タイムスケジュールを細かく決め、どの出店を誰が何時から何時まで担当するか、片付け始める時間も正確に決まっていた。冬に餅つき大会を実施すれば、全員が手の消毒をし、手袋とマスクを付けた上で参加することが求められる。保健所の検査用に餅を取り分けなければならない。食中毒や毒物混入やらの事件がどこかである度に、食品を扱う際のルールや規制は増える一方だ。また地域の人の接待係、餅つきでは餅の切り分け係など、各係に何人配置するかも前年の実績と引き継ぎを参考にしながら決める。不公平がないようにと子供たちのお代わりのタイミングや回数まで予め決めていた。

私の子供が在籍していた数年の間にも規則は増えて、年々窮屈になった。私自身は「ＰＴＡのイベントで失敗なんて気にする必要ない、むしろ失敗も振り返ったら楽しい思い出さ」と自分に言い聞かせて気楽に楽しむようにしていたが、それでも終わった後は、大仕事を終えた感じがあった。実際、ついつい完璧を目指して負担や決め事を増やしてしまう役員仲間に「今年度の目標は、頑張りすぎないだからね〜」と声を掛けたり、イベントの前日に「スムーズに進行できなかったらどうしよう。心配で気が重い」と言うママ友に、「お金をもらっているわけでもなく、ボランティアでやっているんだから、大事故さえなければ後は失敗のうちに入らないよ。こんなにみんな頑張っているのにスムーズに行かないぐらいで文句を言う人がいたら、その人の方に問題があるんだよ。気にすることないよ」と励ましたりした。

フランスの公立の学校では、多くの場合ＰＴＡは数人のやりたい人間がチームを作り立候補し、選挙で当選したチームが役員を引き受ける。ＰＴＡの夏祭り等の大きなイベントは数人の役員だけでは人が足りないので、役員たちに加えて、実行委員を募集してやりたい人間だけで準備するのである。せっかくなので私（執筆者Y）も、友達作りを兼ねて実行委員に加わりフランスの夏祭りの運営を体験してみることにした。実行委員が大勢集まれば盛大になるし、少なければ開けるブースの数も減る。一回目の集まりで、一応、前年の内容を参考にしながらも、集まった人のできることとやりたいことから出店の内容を決める。ちなみに、執筆者Yは折り紙ブースの責任者を引き受けることになった。初めてのPTA活動で、言葉も若干怪しいのに責任者なんて務まるのかなとも思ったが、「なるようになるから大丈夫、日本人なんだからこれ以上の適任はいないよ」と皆に言われあっさり決まった。実行委員長、副委員長、各ブースの責任者が何人、各ブースの担当係がそれぞれ何人とか日本のPTAでは前例を参考に、変更する必要があるかかなり時間をかけて決めていたが、あっと言う間に決まってしまった。たくさん人が集まれば大勢で運営するし、少ない人数ならそれなりにやる。[33]

この最初のミーティングでブースとその責任者が決まり、各自が大体掛かりそうな費用を言い合ってざっくり予算内で行けそうだと分かったところで会議は終了。後は各自が適当に準備する、必要があれば個別に会長に相談するということで、その後会議は当日までなかった。日本での経験からイベントが近づくにつれて会議の頻度の増すことがあまりにも普通になっていた私は、フランス語の能力のせいで聞き落としているのではと、「本当にもう当日まで会議ないの？」と別れ際に何度も念を押して不思議がられた。

準備は各自が適当にといっても、PTA役員と実行委員を合わせても10名程度。さすがに当日200人近くいる子供たちを10名で対応するのは厳しいし、自分たちも子供と一緒に祭りを楽しみたいからブースから離れる時間も欲しい。そのため当日助けてくれるボランティア募集の貼り紙と表が学校の正面玄関に張り出された。手伝ってもいいという親は、子供のお迎えの時に、手伝いたいブースの手伝える時間帯に名前を記入していく。この表を張り出してのボランティアの公募は、フランスの学校で時々見かける、一般的な手法のようだ。

実は私の担当する折り紙には、さっぱりボランティアが集まらなかった。この手法は各ブースの責任者の人脈が大いに影響するのだ。イベントが近づくにつれて他のブースの欄が埋まっていくのを見ながら、フランスに来て1年も経たない私は協力者を1人（私の子供同様フランスに来て間もないイタリア人の子供の母親）見つけるのが精一杯だった。日本のイベントでは、「失敗なんて気にすることないよ」と言っている私でも、流石にブルーだった。子供とイベントを回るのは諦めてずっとブースに張り付くしかない。それでもフランスの子供にとって不慣れな折り紙となると「私ともう1人、それも折り紙未経験者じゃあ、ブースの運営は難しいと思う」と思い切って会長に意見したが、「まあ、何とかなるでしょう。最悪私の夫が手伝うから」と表は空欄のままイベントの日がどんどん近づいてきた。

イベント前日、他の実行委員に「日本で子供が通った小学校では、予め時間ごとの担当をきちんと決めるし、保護者は大体ＰＴＡの会員だから、ブースの運営に必要な人数が学年や地域ごとに事前に割り振られるのよ。だから積極的にやりたい人がいなくても、くじ引きやじゃんけんで決まるの。イベント当日に責任者以外の担当が決まっていないなんてありえない」と言うと、「フランスでは、人にものを強制するのはすごく難しいの。そんなに簡単にみんな従わないわ」という反応だった。人手がなくても何とかなるように、折り方の説明をフランス語で準備したものの、「小さい子供じゃあ読めないし理解できないよね、手伝ってくれる大人がいなかったらどうしよう」と不安はぬぐえぬまま当日を迎えた。

日本ブームの後押しもあって折り紙ブースには予想通り子供が押しかけ、一瞬絶体絶命だと思ったのだが、結局子供と立ち寄った初対面の保護者たちが入れ替わりで自発的に残って手伝ってくれ、確かに何とかなった。強制されると反発して動かないが、自発的に動くことには意外と腰が軽いのだ。が、私の目から見て何とかなっていないブースもあった。風船アートのブースは担当が自分の子供の出し物の時間になると、まだブースを閉める時間ではないのに代わりの人も置かずにブースを閉めてさっさと行ってしまった。その間に風船アートをやりに来た親子は諦めて他のブースに行ってしまった。

また、その夏祭りではホットドックを売るということで、大量のフランスパンとソーセージも購入されていた。子供の通った小学校には家庭科のための調理室が無かったので、なんと職員室の洗面台でソーセージはカットされていた。よく売れたのだが、それでも結構売れ残ってしまった。もったいないから実行委員とその場に残っていた保護者や子供たちで食べようということになり、校長先生が「このために冷やしておいた」とどこからかビールを持ってきた。

イベントが終わって、校庭で残って遊んでいる子供たちを眺めながら、ホットドックとビールでの打ち上げはなんともものんびりしていた。それでも余ったパンは、朝ごはんに、ということで適当に分けて帰ったのを覚えている。

これらは執筆者Yの個人的経験だが、日本の公立の小中学校とフランスの公立小中学校の校則やPTA活動の違いを感じてもらえたのではないだろうか。

最近、日本でも制服の在り方で、性別に関係なくスカート、スラックスを選択できるようにする校則の変更などが話題に上るようになった。しかし、金子みすゞの「みんな違ってみんないい」という童謡の一節をやたらと聞く割には、そもそも制服や髪型への規制を一切無くそう、という話にはなかなかならない。両国の学校生活の中のルールを見ながら、フランスでは「自由であることが原則であり、制限は必要な時（例：水着）にだけ課されるべき」という発想なのに対して、日本の場合「どこにでも制限やルールがあり、自由はその隙間にあるもの」と、自由と制限の関係が逆になっていると感じるのである。

規制があるのが当然、自由は例外。子供のころからこのような環境で大きくなった人間であれば、公職選挙法の制限の多さに対してもうんざりしながらも、大事な選挙だからやたら細かく規制があるのも仕方がないか、と思ってしまうのもうなずける。逆に、執筆者Tをはじめフランス人が、日本で趣旨のはっきりしない規則やルールに直面すると「なんでこんなルールがあるの？」と反射的に反応し、時に場の雰囲気を悪くしても理由をしつこく尋ね、納得いかないルールに従うことを拒否する様子をみると、フランスでは日本の公職選挙法のような、趣旨のはっきりしない〝べからず法〟を何十年も保つことは不可能だと思うのである。

「反省文化」

そもそもなぜ、日本社会にはこのようにルールや事前の細かい取り決めが多いのだろうか。この背景には、一つには「謙虚であること」「失敗を許さない文化（切腹文化）」と「反省文化」の悪循環があるように思う。

日本は欧米と比べて失敗を許さない社会だと、私たちは感じている。これは、一つには切腹文化からきているのかもしれない。日本では「謙虚である」ことは高く評価されるので、何か問題が起こった時には、自分に何かしら落ち度があったかもしれないと考える傾向がある。同時に、何か問題があった時に、潔く切腹する（とことん責任を取る）ことを立派だ、と評価する文化でもある。時代劇などを見ていると、「えー、この人、切腹するほどのことしたかな⁉」ということでも切腹を言い渡されたり、自ら進んで切腹にいたることは珍しくない。見ているほうは可哀そうだと思いながらも、それを潔く引き受ける姿に涙する。そこに美を見出している。

この感覚は現代社会でも生きていて、何か不祥事があった時、その内容の重い軽いに関係なく、責任者が全面的に謝罪することや厳しい処罰を下すことを評価し、言い訳すると「潔くない」と言って非難する傾向がある。謝罪する方も、落ち度と求められる謝罪の間のバランスは深く考えず、何かしら不手際があった以上仕方ないと、徹底的に非難されることを受け入れてしまう。親が子供を叱る時も、「言い訳せずに謝りなさい」と言うことも珍しくない。その結果、はっきり自分の責任といえないようなことでも、つい謝ってしまうという人も多いのではないだろうか。中には挨拶するみたいに謝る人も少なからずいる。

フランスの場合、「謙虚である」ことは日本ほど高く評価されない。むしろ自信のある態度が評価される。自信満々の態度をとっている人間は、何か問題が起こっても「まさか自分の責任ではない」という言動につながりやすい。また、不当な罰を潔く受け入れることも日本のように評価されない。本人が納得していない謝罪は意味がないと考えられており、子供に対しても、謝罪よりもまずはきちんと言い訳（事情の説明）をしなさいと言う。落ち度以上に謝ることは、日本では決して悪いことではなく誠実な人だという評価につながりやすいが、フランスでは必要以上に謝る人は精神的に不安定な人だと思われてしまう。

このように謝罪することへの社会的評価の違いは、謝罪を求める側の意識にも当然影響するだろう。日本では小さなことでも相手に何かしらの落ち度があれば、徹底した謝罪を期待し求める傾向があるので、言い訳されたり反論されたりすることは驚きや怒りにつながりやすい。こういう場合、身内なら相手の気分を害さないために、多少納得いかなくてもさっさと謝ってその場を収めるという日本的やり方は別に悪いことではないだろう。しかし、企業や学校といった組織になると、謝罪だけでなくトップの辞任、賠償責任といった大きな話になってくる可能性がある。かといって小さな過失しかない場合でも、説明の仕方を間違えれば「言い訳！責任逃れ！　逆切れ！」と却って叩かれかねない。

このような面倒な状態に陥らないために、日本では事あるごとに小さな問題でも原因を検証する「反省文化」が根付いている。執筆者Yがフランスから戻ってきて、日本での暮らしを再開して気になり始めたのは、何らかのイベント・事業が終わったら必ず反省会が設けられることだった。反省会が開かれなかったとしても「満足度アンケート」が実施される。企業など利益を追求している組織であれば、顧客の満足度を調べてより良いサービスにつなげようという姿勢はある程度理解できる。しかし、前述のボランティアで開かれるＰＴＡ主催の夏祭りのようなイベントでさえ、特に大きな問題がなくても反省会は必ず開かれる。「特に問題がなかったのに、反省会なんてする必要ないと思いますよ。やるなら打ち上げパーティーじゃないですか？」と本気で言っても、「面白いこと言うね～」と冗談と受け取られる。「反省することなんて特に思いつかないけど」と本心から言っていても、「真剣に考えて下さいよ」と苦笑いをされる。

先の例で挙げた餅つき大会だが、前夜には父兄たちが学校に集まり、当日スムーズに事が運ぶように必要なものを確認しリハーサルが行われた。イベントが終われば、次回役員会までに各係の責任者は他のメンバーから反省点を聞き取り、改善策をまとめて引き継ぎの書類を作成する。例えば、忙しい係と比較的余裕のあった係があれば、仕事の配分の見直し、どの係がどの係の補助に回るかなどを引き継ぎで提案したりする。何で時間が多少オーバーすることにそんなに神経質なのか不思議に思って尋ねたところ、「時間がオーバーしたせいで子供の習い事等その後のスケジュールに支障があったと以前苦情があった」ということだ。そういうことが起こらないようにリハーサルをして時間オーバーを防いでいるということだった。

こうして繰り返される「反省」によって毎回ほんの小さな不手際や過失もあぶりだされ、それらを未然に防ぐための手順やルール、それでも問題が起きた時の対処方法もケース別に細かくマニュアル化され積み重ねられていく。私自身のポロっと出た「もっとこうすれば……」の一言や、引き継ぎのために作った書類も、次年度の新しいルールを作ってしまったかもしれない。

これに対してフランスには、驚くかもしれないが、日本語の「反省会」に相当する会は存在しない。「反省」にぴったり対応する言葉もない。ナポレオンの「我が辞書に不可能という文字はない」ではないが、今手元にある和仏辞典で「反省」という言葉を引いても、これだ！というフランス語はでてこない。

前述したが、日本ではすぐに必要以上に謝ることは潔いと評価されるが、フランスでは必要以上に謝ることは特に評価されない。もしかすると、必要以上に謝れば少し気の弱い人だと評価を下げてしまう可能性もある。そのため、落ち度がないと思えばフランス人は堂々と言い訳をするし、たとえ落ち度があったとしても小さい場合は簡単には謝らない。なので、フランスではそもそも小さい落ち度でいちいち相手に謝罪を求めることは苦労の割に得るものがないという考えになる（執筆者Yも、フランス滞在中は「素直に謝れ！」と心の中で相手に叫ぶことが時々あった）。

フランスでの滞在中、子供が陸上の大会に参加することになった。リヨンという大都市で街中の子供向けの陸上クラブが集まるかなり大きなイベントだったが、開始時刻の9時になっても始まる気配がない。遅れ気味で集まった親たちも「今日で間違ってないわよね？　変ね」と立ち話。結局、その年の運営を担当したクラブチームに何か問題があったようで、1時間以上遅れてようやく開始かと思いきや、今度は審判が足りないので会場に来ている保護者にボランティアで手伝ってもらえないかとアナウンスが流れる始末。しかし、結局、遅れた理由の説明もなければ、不手際でお待たせしてすみません、という謝罪もなかった。ボランティアで一生懸命やっているのだから、それでうまく行かないことがあっても文句を言われる筋合いじゃないということか。おそらく謝り慣れていないので、「一言謝った方がいいかな」という発想自体なかったのかもしれない。結局トラブルがあったにもかかわらずイベント自体は楽しく終わったのだから（確かに大きな大会だったが、和気あいあいとしてとても楽しかった）むしろ大成功、といった雰囲気だった。

もしここで責任者のもとに行って謝罪を要求すれば、時間オーバーしたことについて責任者の言い訳が並べられて、それでもしつこく文句を言えば、「気に入らなければ参加しなければいいだろ。ボランティアでやっているイベントに完璧を要求するなんて非常識だ」と反対に非難されるかもしれない。

こんなこともあった。フランスのリヨン市では給食費を市役所に納めることになっていた。給食費を納めるだけで2時間既に待っている。順番を待つ他の保護者と待合室で「これじゃあ半日潰れてしまう」とぶつぶつおしゃべり。やっと事務室に入ると、「パソコンが壊れてね」と一応言い訳がなされた。「それにしてもずいぶん待ちましたよ」と軽く苦情を言うと、「美味しいレストランほど待たせるっていうじゃないですか。ね?」と返された。

先ほども述べたがフランスには「反省」にピッタリ当てはまる言葉もなければ「反省会」も存在しない。あるとすれば「打ち上げ」である。前述したPTAの夏祭りでブースが閉まっていて子供が遊べなかったとか、パンやソーセージを買い過ぎたということは、イベントの後の「打ち上げ」でビール片手の笑い話のネタになるぐらいで、来年には忘れられてしまう。

特にスポーツの場面での違いは歴然としていた。日本ではスポーツの試合が終わると、勝っても負けても解散前に集まってコーチが試合を評価したり、選手一人ひとりに何が問題だったか考えさせて発言させたりする反省会が当たり前のことになっている。よほど大勝ちしない限り、たとえ勝っても何かしらの反省が求められる。子供のスポーツの試合に付き添うと、終わったのになかなか帰れない。それも負けた試合ほどなかなか帰れない。試合に負けて悲しい思いをしているところに、反省を求められる。これは小学生から全日本の代表まで同じだ。ワールドカップでも日本チームは試合の後に円陣を組んで何やら話している。

フランスでは終わったら終わり、勝ち試合は嬉しいから残って仲間でおしゃべりすることもあるが、負け試合は雑談も楽しくないのでさっさと帰ってしまう。「自分（たち）はやることをやった。負けたのは実力の差、もしくは時の運だから仕方ない」と考え、集まって自分たちの落ち度を探したりすることは少ない。日本は「何かしらもっとできたことがあったのではないか」「何が足りなかったのか」と、反省会を通じて自分の落ち度と改善策をひねりだす癖を、子供のころからの習慣で身に着けるのである。

明らかに問題がある場合には、日本のこの謙虚な姿勢で改善策を練る態度は悪いとは思わない。日本の工業製品などの使い勝手の良さ、アフターサービスの質の高さなどはこの積み重ねの結果だろうと思う。しかし、総じてうまく行っている場合や、ボランティアでのイベント運営や子供のスポーツといった本来反省会が必要ないような活動でも、当然のように反省し落ち度を見つけようとする姿勢は、しばしば本来自由で楽しいはずのその活動をつまらないものにすると同時に、無意味な規則やルールを量産し不自由な状態を招いてしまう。公職選挙法はその典型例である。

「批判精神の欠如」と「本音と建て前」

「切腹文化」と「反省文化」の相乗効果で、日本ではルールや規則が量産されると説明した。これにダメ押しを与えているのは、多くの人に「批判精神」が欠けていることだと考える。自分自身や内輪への批判、つまり「反省」には熱心だが、外に向けての、特に権威に対する批判精神は非常に弱い。このことには、間違いなく学校教育の在り方が大きくかかわっているだろう。

一つは、日本の学校教育が長く暗記中心であったことだ。物事を論理的に考える訓練が学校でなされないため、規則やルールをその目的や趣旨にまでさかのぼってどういう理屈がそこにあるのかを考えること自体を億劫に感じたり、与えられた理屈をつい鵜呑みにしたりしてしまう。学校教育が暗記中心であることに対する批判は日本国内でも長年言われており、そのことは周知の事実だ。しかし、高校・大学の入学試験が選択式から記述式に大きく変わらないため、中学・高校の学校教育も大きく変われない。

加えてこのことはあまり意識されていないが、日本の場合、高校入試、大学入試ともに「相対評価」であるため、中学以降受験勉強（暗記）以外の勉強に時間を使う精神的余裕を持ちにくい。どれだけ勉強しても、周囲がそれ以上勉強すれば入試に失敗してしまうので、これだけ勉強したから大丈夫ということはなく、最後の最後まで気が抜けないのだ。そのため「周りはもっとやっているぞ」という脅しは、日本の場合は効果的だ。受験が近づいてくると日本の高校生は競走馬のように、全てを捨てて受験に向かって突き進まなければならないという雰囲気になる。部活も恋愛も、受験の前では重荷扱いだ。「少しでも気を抜けば後ろから追いかけてくるライバルに抜かれるぞ」と、塾から鞭を入れられる。勉強に集中するというと聞こえがいいが、視野が狭い人間を育てているのではないだろうか。時事問題など答えが出ない問題については、受験対策として用語を暗記するだけで、その背景についてゆっくり考える時間の余裕が日本の子供にはない。

フランスでは公立高校に入学試験はなく、また大学入試も存在しない。高校卒業試験（バカロレア）に合格すれば、誰でも国立大学に進学できる。バカロレアは、一定の学力が身についている者全員が合格する絶対評価であり、定員は存在しない。そのため、パリなど大都市の国立大学だから合格ラインが高いということにはならない。パリのソルボンヌ大学というと日本の東大のように思われがちだが、一国立大学に過ぎず、ソルボンヌ卒ということで尊敬の目で見られることはない。[34]

つまり、フランスの国立大学の入学制度は、順位を競うサラブレッドとは違い、10日で100キロ歩き切ることが目的のウォーキングラリーのようなものだ。タイムは教えてもらえるが、順位はつけない。歩き切った人は全員合格というレースなので、それぞれが自分のペースで歩く。ゴール前で前に行く人間を抜こうとか、気を抜いて最後に抜かれることを気にする必要はない。当然受験の最後の瞬間まで部活や恋愛と両立するのは当たり前で、むしろ、楽しく歩き切るために、息抜きの部活は最後まで必要だし、よほど度が越さない限り励まし合う恋人の存在も歓迎される。だからフランス人に「日本では高3の夏ぐらいで大概の子供たちは受験に向けて部活を引退するのよ」と言うと、「そういう時期こそ息抜きのためにスポーツが必要な気がするけど。変なの」と言われる。

そして、前述したように日本の受験と異なり、フランスのバカロレアは全ての科目が完全に論文試験である。多くの教科は、「〇〇について述べよ」というような問題形式で、そのテーマについて2~4時間かけて書くのである。ぶつ切れの事実を羅列するのでは良い得点は取れない。知識は当然求められるが、いくら知識が多くても、体系的に理解し、相互の関係を文章で表現できなければ良い論文にはならない。自説への批判、再批判ができれば評価も高くなる。日本のような「考えずに覚える」で対応できるような問題は入試に出ない。当然授業でも、生徒が覚えたことではなく納得していることが重要なので、「理解できない、納得いかない」という意見は尊重される。

中学、高校の思春期の6年間、中学受験する子供であればそれ以上の時間を、日本では「考えずに覚える」を中心に学習する結果、多くの日本人は批判的能力が低く、素直で従順な傾向が強くなる。これに対してフランスのように「理解すること」を中心に学習すると「論理的に納得できるかどうか」を常に気にする批判精神と、納得できないことをその場で口にして説明を求める反射が自然と身に着く。

二つ目は、学校教育の目的であるが、日本の学校は集団生活の規律を守れるようになることを学校教育の一つの目的にしている。規律の内容に疑問を持ったり納得いかないと言って従わなかったりすることは、素直でない反抗的な態度として評価が下がる。理不尽な規律でもだまって従う子供は、素直ないい子と評価される。フランスなら理不尽な規律におとなしく従う子は、自分に自信がないか知能に問題があるのではないかと心配されるだろう。

日本の学校教育の中でも一番理不尽な規律が多いのは中学校である。日本でも小学校までは公立では私服の学校が多く、髪型もパーマや茶髪が許されるケースも珍しくない。しかし、中学生になると、突然、髪型や制服で個性を抑え込まれる。学校の先生などと話をすると「思春期に入り自我が強くなる中学生が一番問題を起こしやすいので、そこをしっかりコントロールすることが大事なのだ」と言われる。つまり、自我が芽生える時期に徹底的に上からの命令は絶対という感覚を身につけさせるということだろう。しかしこれは個を否定し成長させない、ということでもある。こういう言い方をすると、「子供たちがぐれずにまっとうな道を歩けるように、外見等うわべのことに時間を使い過ぎないように、子供たちのためにやっているのだ」と反論されるだろうし、実際先生たちは子供たちのためと考えて指導してくれているのだと思う。理不尽な命令や規則でも、黙って引き受ける「大人像」がそこにはある。

しかし、フランス社会に目を向けてみると、坊主頭と制服が強要されるのは軍隊しかない。ヨーロッパからの観光客が日本の中学生を見てぎょっとするのは、子供たちが軍人ごっこをさせられているように見えるからだ。確かに軍隊とは、世界中大概どこでも髪型服装、言葉遣い全てが規律で決められ、その規律や上官の命令に疑いを挟むことは反抗的として評価されない。自分の勝手な判断で行動する人間が現れれば部隊全体の存亡を左右するから、徹底的に従順であることが求められるのも、軍隊であれば確かに一理ある。日本の学校は第二次世界大戦中の軍国主義の下では、将来良い軍人になるように子供たちを教育する機関だったはずだ。その当時の、規律が原則で自由は例外、規律や命令を守れる従順で素直な人間を育てるという考えが、今も校則に残っているのではないだろうか。実際にクラスという集団の団結を高める、運動会やクラスマッチといった行事も多い。

学習の場面だけではなく、学校では部活動も通して日本社会のルールに疑問を持たない姿勢を強化している。子供の通う公立中学校の部活動の目的についてのお便り等を読むと、部活動の目的に、集団で行動する際の規律を身に着けるといった内容があった。スポーツそのものを楽しむ、ということが目的の中に書かれていないことに、少なからずショックを受けた。フランスなら、子供たちが各スポーツや芸術活動の楽しさ、面白さを感じること、上達することがクラブ活動の第一目的であり、集団行動での規律を守る精神を身につけることは重要な目的ではない。スポーツにはルールがあり、守らなければ負けてしまうのだから、スポーツをする時にはルールを守らなければ面白くないという感覚は大概の人が自然に身に着ける。しかしそれは副産物であって、目的ではない。

スポーツ好きの人は知っているかもしれないが、意外なことにフランスでは、チームスポーツが盛んだし成績も悪くない。サッカー、バレー、ハンドボール、ラグビー、どれも世界でもトップクラスである（残念ながら陸上、テニスなどの個人スポーツは柔道以外あまりぱっとしない）。これだけ団体競技での成績を残すということは、フランス人選手もルールを守りコーチの戦略や命令に従っていることは間違いない。しかし、それはコートの中での話である。子供でも試合の勝ち負けに関係ない髪型や、コート外での服装に関して命令を受け付けることはない。つまり、フランスには、日本のように選手がコート外で集団行動の規律に従順であることと、チームの強さを関連づける発想は無い。

このような暗記中心の教育と、理不尽なルールにも疑問を持たずに従うことが「素直」とプラスに評価される教育を受ける結果、多くの日本人は「批判精神が弱く」、多くの目的不明のルールでも疑問を持たない。あるいは疑問や不満を持っても、無意識に飲み込む癖がついてしまう。そのため、目的がはっきりしないルールや理不尽なルールでもなかなか無くならない。

さらに、子供のころから制限された状況に慣れ親しんで育った人間のなかには、却って自由であること（他人と違うこと）にストレスを感じ、ルールに縛られることを求めるような人間もでてくる。「自由とは素晴らしいもので、それを自発的に放棄するなんてことがあるだろうか」と思いそうだが、「自由＝自分の判断に責任を持つこと」といえば、それなりの訓練されたメンタルの強さが要求されることが分かる。

例えば、修学旅行に持っていくカバンがリュックかボストンバックか等、フランスなら本人の判断に任せればよいとなるような事案でも、「判断を任されると子供が悩んでしまうから、一律に決めて欲しい」という意見が親から出てきたりする。「集合場所に行ってお友達と違うと嫌だと言って、あちこちに電話をしたりして面倒なので、学校の方であらかじめ決めて欲しいのです」。このような意見は日本では珍しいものではないだろう。しかし、こうした自己判断から逃避するための決め事は、趣旨などは存在しないか後付けである。このような決め事は自己判断のためのエネルギーと時間は節約するが、自己判断の機会を奪い、判断能力の発達を妨げる結果にもなるだろう。

更には、何のためにルールを守るかは重要なことではなく、「ルールを守る・ルールを守らせること」自体を目的と考え、そのことに生きがいを見出し、人の行動をチェックするような人間も出てくる。アメリカ映画の古典『十二人の怒れる男』のパロディである三谷幸喜脚本の『12人の優しい日本人』においてはそのような人物が描かれている。具体的には、ある時点集まった12人の陪審員が無記名の採決を行う。そして、その採決の結果は11対2になる。つまり、12人のうち1人がずるをして反対票を2枚投じたのである。当然採決は無効になってしまう。そこで陪審員たちは、ずるをした人を非難し、誰であったか名乗るべきだと言うのだ。しかし、陪審員長はこぶしを握りしめながら次のように発言する。（無記名投票というルールだから）「ルールはルールだから言わなくっていい！」。これは、日本社会にしばしば存在する、ルールの目的やルールに効果があるか否かではなく、そのルールを守る、守らせることにこだわる人間をデフォルメして笑っているのだろう。

私たちの日常でも、何でこんなルールがあるのだろうということがある。そんな時、「まあでも、ルールはルールだからね」という発言を口にすること、耳にすることは珍しくないのではないか。何のためだか分からないけど守っておいて問題はないだろうと放置され、不要なルールはたまる一方である。

これだけ積もり積もったルールをすべて守れば、日本社会は本当にがんじがらめで動きの取れない社会となりそうだが、一定の人の利害が一致すると「本音と建て前」という発想で、非公式にルールは緩和され、物事が動くようにできている。新しいルールが追加されたり、ルールが古くなったりした時に、そのルールに不満があったとしても、多くの人はルールを無くそうと表立って騒ぐことには躊躇してしまう。そこで出てくるのが、「建前は〇〇だが、誰も守ってない」「そこは解釈で乗り切ろう」といった表現だ。「誰も守ってない」という事実の積み重ねを明文のルールに優先したり、解釈でルールを骨抜きにしたりしてしまうのだ。

フランスなら「本音と建て前」がずれていればモヤモヤするので、建前を本音に近づけるか、建前が正しければ本音を正さなければならないという話になるが、日本社会ではズレていることに対して、どこでもそんなものだろうと違和感を持たずに受け入れてしまう。[35]

以上のような文化的背景のもと、日本社会においては、古いルールを残したまま新しいルールが積み重ねられる。と同時に現場の事情で内々のルールや解釈が積み重なる。
公職選挙法の場合でも類似した現象が起こり、大量の規制・禁止事項の上に抜け道と解釈がてんこ盛りになり、今の状態になってしまったと思われる。

現役の政治家にとって快適な環境

普通選挙法が改正されず、世にもまれな〝べからず法〟になってしまった原因について、「その通称が連想させる間違ったイメージ」「ルール好きな日本文化」という二つの側面から説明した。しかし、一番の理由はなんといっても、それが現役の政治家と、一定サイズ以上の既存の政党にとって非常に快適な環境だからだ。

一般の有権者には、日本の選挙制度が世界的に見ても不備の多い制度だということは、広く認識されていない。しかし、それは一般の有権者に限っての話である。選挙を経験した人間ならば、そのことははっきりと認識している（もし気づいていないとすれば、相当鈍感だ）。

皆さんは思うかもしれない、「確かに現職の議員にとってこの公職選挙法は都合がよさそうだ。しかしそれにしても自分に有利だという理由で日本の民主主義をここまでゆがめることに平気な議員が大多数だというのはどういうことだろうか。与党の議員だって、正々堂々と選挙で政策を周知して自らに投票してもらいたいとは思わないのだろうか」と。ここで私たちが理解しなければならないのは、日本の公職選挙法という極端に制限された選挙制度の下で、タレント議員と並び定着してしまった大量の世襲議員を含む「職業政治家」という存在である。

職業政治家とは、「生活の糧」を得るために政治家で居続けること、つまり政策の実現よりも、再選することが最優先課題の政治家である。このような議員は他の先進国でも確かにいるが、日本は特に多い。そのことがよくわかるのが、世襲議員の数の多さである。時期によってその割合が多少変動するが、大体自由民主党国会議員の半数が世襲である。フランスの場合、世襲国会議員は数人しかいない。さらに、最近の日本の首相12人中8人が世襲議員である：小渕、小泉、福田、麻生、鳩山、安倍、岸田。これに対して欧米の場合、世襲大統領や首相はほとんどいない。具体的に、フランス大統領の世襲は直近の10人中0人であり、アメリカ大統領では10人中1人に過ぎない。

世襲議員が多いことは日本特有であり、他の先進国には珍しい現象であることを意識している人は少ないのではないだろうか。この事実だけ聞くと、日本の有権者のメンタリティは未だに江戸時代のままであり、封建的だから代々続くお殿様の家系をついつい選んでしまうのだろうと考えてしまいそうである。確かにそういう点が全くないとは言えないかもしれない。しかし、繰り返すが、世襲政治家の地位を安定させている一番の要因は、日本人のメンタリティではなく、間違いなく公職選挙法である。

日本では選挙に勝つためには、政治家としての能力以前に、まずは選挙に勝つための環境を整え技術を身に着ける必要がある。いったんそれを整えた人間はせっかく整えたその環境や技術を引き継ごうとするため、世襲に繋がりやすいのである（これは、開業医に始まり、魚屋など店舗設備を要する職業や商売は家業として引き継がれることが多いことからも容易に想像がつくだろう）。これに対して、公職選挙法などというものがない国では、選挙で勝つには本人の政治家としての能力が一番の重要ポイントであり、政治家の子供であることは特別有利には働かないため世襲議員は非常に少ない。裏返すと、日本は一般人の子供よりも政治家の子供のほうが能力で劣っていたとしても、圧倒的に政治家になりやすい国なのである。

では、その政治家業において家業として引き継がれるものの中身を見てみよう。日本の政治には「3つのバン」、つまり「ジバン（地盤）・カンバン（看板）・カバン（鞄）」が必要と言われるが、その3つとも公職選挙法と深く関係している。

「地盤」というのは選挙で戦うための組織・後援会等のことである。日本の場合は、公職選挙法の定めにより選挙期間が短いせいで組織票が重要視されることは前述した。フランスのように選挙期間などという規制がなければ、新人候補でも1年後の選挙を見据えて立候補表明し、選挙運動を始めることが可能であるため、不特定多数の有権者に地道に政策を周知して共感に基づいて票を積み上げることが可能である。候補者という肩書きでテレビや新聞の取材、講演会、Ｗｅｂで、どんどん自分のビジョンや政策を発信する。有権者も半年もすれば自分の考えに近い候補者が見えてくるため、人から頼まれた候補者に安易に投票しない。

これに対して、たった2週間という短期間で不特定多数の有権者に政策を周知しその中から共感を得てくれる人の票をじわじわと増やしていくのは簡単なことではない。その結果、選挙期間に縛られず既存の組織を利用し票を集める方が効果的ということになる。このため、あらゆる組織が選挙の時には関わってくる：各企業、業界団体、労働組合、農業協同組合、医師会等。後援会の大きな役割は、それら組織との関係を形成・維持することである。この組織は、宗教団体のようにしっかりと票が読めるぐらいの強固なものから、町内会や地域のスポーツ団体などで挨拶をした議員に「まあ、会に顔を出してくれたし、入れてあげようか」という程度の緩いものまで幅広い。現職の議員は年中定期的に関係のある会・団体に顔を出し関係を保つことに尽力している。支持してくれる組織なら何でもいいという政治家が大政党には相当数いるということが、旧統一教会問題でも明白になった。同じ新人候補者でも、組織との関係を有さない候補と、親からそっくり組織との関係を引き継いだ世襲候補では大きな差が出ることは間違いない。さらに、公職選挙法に詳しいスタッフ（すなわち後援会）を持たない新人候補は限られた選挙期間中、選挙違反をしないための確認作業にも貴重な時間を費やさなければならない。

「看板」というのは、候補者の知名度のことである。政策を周知するには2週間は短すぎるのでせめて名前だけでも覚えてもらおうということになるわけだが、ここでも、世襲の新人候補と一般の新人候補では大きな差が出る。世襲の新人候補は、「○○議員の息子（娘、娘婿）」といった形で親の知名度を利用できる。同じ苗字であればその効果も倍増である。

親子だからたまたま苗字が同じだけで、「地盤」さえ引き継げたら苗字が一緒かどうかは関係ないのではないか、と思う人もいるだろう。しかし、日本では男性が結婚を機に妻の姓に変えることは珍しく、96％は夫の姓を選択している。[36] これが政治家に限って言うと、娘が立候補する場合にその娘が結婚しても苗字を変えない、あるいは娘婿が立候補する場合に男性側が妻の苗字に変える率は一般的結婚と比べて高い。このことからも、先代の知名度に便乗できるというメリットがあると考えられていることがうかがえる。この点、選挙戦が半年以上続くフランスでは、候補者の名前と政策の両方をしっかり周知することが可能なので、「知っている名前だから安心」というような理由で投票する人はまれである。

既に名前が周知されている世襲候補と違い、世襲ではない新人候補にとって2週間で自身の名前を周知することは困難である。さらに、投票が自書式で行われることも世襲候補者にとってありがたいシステムである。「つまり、有権者が一度、投票用紙に自分の名前を書けば、次の選挙でも継続して名前を書いてくれるし、息子の代になっても同じ名字であるので、書いて投票してくれるので当選し続けることができるということである」[37]。ちなみに、自書式は先進国の中で珍しい投票の仕方である。[38]

最後に「鞄」というのは、選挙資金のことである。職業政治家の子供は後援会を引き継ぐことを通じて非課税で親からの資金を引き継ぐことが可能であり、新人候補と違って、選挙運動をするための資金が最初から充実している。さらに世襲候補の場合、地盤及び看板が揃っているので、たとえ選挙に負けたとしても集めた票数は供託金没収ラインを上回り返却される可能性が高く、次回の選挙に向けて体力（資金）を温存しやすい。それに対して、世襲でない新人候補は大政党がバックにつかない限り、政治活動をするための資金力にもともと欠ける上に、供託金を払えたにしても没収される可能性も十分あり、一度選挙に負ければ再挑戦はさらにハードルが高くなるのである。

このように、日本では公職選挙法という制度があるため、政治家である親から「地盤・看板・鞄」を引き継ぐ新人候補は、一般の新人候補者よりも圧倒的に有利な立場にある。その圧倒的に有利な地位を政治家の子・孫は家業として引き継ぐことが求められる。「やりたい政策などはなってから考えればいいから」といって説得された候補者も間違いなくいるだろう。

家業として後を継いだ政治家にとっては、政治家という職業がすべての人に開かれた職業になることは、自身と子供のメシのタネを失うことを意味するわけだから、そのような改正は受け入れることができない。考えてみて欲しい、開業医でも自身の子供に跡を継がせたい人は珍しくないだろう。しかし、いくらその医者が設備を整えるために尽力したからといって、開業医の子供を国家試験で一般の受験者よりも圧倒的に有利に扱うというルールが作られれば、私たちは納得するだろうか。

『しんぶん赤旗』において佐久間亮は、「草の根での選挙運動を厳しく規制する一方、テレビＣＭや新聞広告には制限がありません」という点を指摘した上で、「選挙運動規制の歴史は、国民の要求をおさえつけ、日本共産党をはじめとした民主勢力の議会選出を阻もうとする歴史そのものです」という結論に至る。[39]そこまで言い切れるかどうかは別として、現在の公職選挙法が、資金力に乏しく知名度の低い新人を参入しにくくし、職業政治家にとっては極めて快適な環境を保証していることは間違いない。

ちなみに、この〝べからず法〟といわれる衆議院議員選挙法は、戦後GHQからも問題視され、全国選挙管理委員会が「原則選挙活動を自由とする」選挙法改正要綱（1949年）を発表する。しかし、政党側の反発が強まり、旧来の制限と管理を引き継いだ現在の公職選挙法ができたという経緯がある。[40]つまり、多くの現役の政治家の反対で、民主主義へのブレーキは外されなかったのである。「多くの」と書いたのは、共産党は一貫して改正を訴えている。共産党が自由な選挙を主張しているのは、それが共産主義と共鳴するからではなく、民主主義と共鳴するからだということは、当時共産主義を危険視していたGHQでさえ改正を主張していたということからもわかる。

公職選挙法の改正と言えば、2013年にようやくインターネット上での選挙運動が可能になった。昔から若者の政治離れ、投票率の低さが指摘されているにもかかわらず、若者がよく利用するインターネット上の選挙運動はずっと禁止されてきた。いかに、職業政治家が若者の政治への参入を恐れていたかということが分かるだろう。結局、2013年にインターネットでの選挙運動は解禁されたが、国会議員自らの動きというより若者中心のNPO等の運動の結果だったといえる。[41] すなわち、ある時点で職業政治家たちでさえそれ以上無視できないほど世論における不満が高まっていたので、インターネット上の選挙運動を解禁せざるを得なかったと推測できる。

また、公職選挙法と憲法改正国民投票法（以下、国民投票法）とを比較することでも、公職選挙法を改正しないことが現職政治家の保身のためであることが、はっきり分かる。２００７年（平成19年）５月18日に公布された国民投票法とは、憲法改正をするための国民投票の仕方を定めた法律である。公職選挙法とのバランスを考えれば、こちらにもいろいろな規制や禁止事項があって当然のはずである。しかし、国民投票に関しては、原則自由に投票運動することが許されている。フランスの選挙活動と同じく運動の期間の制限すらない。運動期間が長ければ資金力のない団体に不利になるという理屈は国民投票法でも同じはずである。なぜ、何十年も公職選挙法の改正を拒み、自由な選挙活動を否定してきた与党を中心とする大政党の現職議員たちは、国民投票法に関しては他の先進国の選挙活動同様に自由を認めるのか。これは国民投票の結果が、どちらに転んでも現職政治家の地位を脅かすことがないからだろう。

ここまで見てきて、日本人の政治への関心の低さの原因の一端が分かってきたのではないだろうか。公職選挙法というとんでもない法律のせいで、日本では既存の一定規模以上の政党、政治家の家系、有名人といった背景のごく一部の人間でなければ、立候補という形で選挙に参加すること自体が容易ではなく、まして当選するのは非常に困難なのである。そのため、既存の政党にはない発想・思想を持つ人間、経済的に多くの場合余裕のない女性や若者の立候補が、他国と比べて圧倒的に少ないのである。よく経済の側面では「日本の失われた〇〇年」といった表現が使われるが、これは経済に限った話ではない。いや、経済以上に政治での失われた時間は長く問題は深刻なのではないだろうか。新しい発想を社会の仕組みとして取り入れられないという結果になっている。

日本に限らず他の先進国でも、かつては政治家と言えば年配の男性が大半であった。それが日本以外の多くの国ではこの数十年で大きく様変わりした。環境問題、ジェンダー平等は、なぜ日本だけこんなにも停滞しているのか。政治家におけるジェンダー平等などは、今の日本は発展途上国以下である。平均的日本人は根っからの男尊女卑なのか。日本人女性は総じて他国の女性と異なり政治の舞台に立つ能力に欠けるのか。もし他の国のジャーナリストに聞かれれば、私たちは「決して日本人女性が特に政治的に無能なのではない、その原因は日本に公職選挙法があるからです」と答えるだろう。残念ながらそこを変えない以上、大きく変化することは難しく、これからもどんどん遅れていくだろう。

[注]

1 片木淳、『公職選挙法の廃止』、ＣｉＶｉＣＳ叢書、２００９年、87-88頁。

2 日本の選挙制度の問題点を理解している有識者がいる一方、広く一般には認識はされていない。中日新聞による統一地方選に関する特集（2023年3月19日）でも、候補者不足などの苦しい現状を伝えながらも、その原因を作っている選挙制度の問題点にふれていない。

3 佐久間亮、「世界でも異常な〝べからず法〟」、『しんぶん赤旗』、2007年12月15日。

4 自由法曹団京都支部（編）、『最新 自由にできる選挙運動 選挙法の解釈と実践』、かもがわ出版、2008年。選挙制度研究会（編）、『実務と研修のためのわかりやすい公職選挙法』、ぎょうせい。

5 佐久間亮、「世界でも異常な〝べからず法〟」、前掲。

6 公職選挙法140条の2①。実は条文上は連呼行為とあるだけで、「短い文言」とは明記されていない。選挙カーで移動しながらの演説は禁止されているため、連呼が許されるのは演説のような長いものではない、つまり「短い文言」と解釈されていると思われる。実際には、党名、候補者名、短いスローガン程度が一般的。

7 2020年以降EUの影響で若干制限が緩んでいるが、それ以前は完全に禁止であった。

8 街頭演説をするためには標旗を掲げておく必要があるが、選挙管理委員会から交付される標旗は1本であるため複数個所で同時にできない。街頭演説の場所で選挙運動をしていい者は最大15人と決まっている。

9 2023年5月12日、中日新聞（朝刊）、15頁。

10 公職選挙法143条。

11 BS-TBS「報道1930」2024年3月25日放送（https://bs.tbs.co.jp/houdou1930/）。

12 「松島前法相の「うちわ配布」不起訴「選挙に関係せず」」、日本経済新聞、2015年1月15日（2020年4月19日にアクセス）。

13 前出の表：「主要8か国（G8）の選挙運動規制の比較」を参照。

14 前掲、『公職選挙法の廃止』、90頁。

15 毎日新聞、2021年10月11日（オンライン）。なお、候補者個人を応援する政治団体は講演会の主催になれないので、政党を持たない候補者はもう一つの（多くの場合架空の）政治団体を作って、架空の講演会の開催ポスターを作るということになっているようだ。

16 中国新聞デジタル、2020年1月24日。

17 河井案里元参議院議員は2019年の参議院選挙で、夫で元法務大臣の克行被告とともに、広島県議会議員4人に合わせて160万円を渡したとして、公職選挙法違反の買収の罪で、2021年2月5日に、懲役1年4か月、執行猶予5年の有罪判決が確定した。

18 中日新聞、「餞別／事実上の選挙費／「例えば」非公認候補の裏支援…？政策活動費浮かぶ実態」、2021年9月10日。

19 供託金違憲訴訟弁護団、「OECD加盟国の選挙供託金制度について」、2017年7月26日（https://greens.gr.jp/uploads/2017/10/170726OECD.pdf）。

20 実際には既成政党で一定の規模があれば供託金返還ラインを超えるので、返還されないことはまれであり、事実上小政党や無所属からの立候補を抑制する。

21 日本経済新聞（nikkei.com）、2023年11月19日「きょうのことば　相対的貧困率とは　日本15・4%、米英より格差大きく」。

22 高い供託金制度の趣旨として、日本の国政は政党政治を前提としているからと言われることもある。つまり個人で簡単に供託金を準備できる人は少ないので、立候補したい人間に対しいずれかの政党に属するように促す効果があるというのだ。一見、一理あるように思える説明だ。しかし、供託金を全額準備してくれるような政党は限られている。結果、若い人が既存の大政党による政治に不満を感じて自ら政治に参加しようと考えても、自分と考えの近い小さい政党では供託金を出してもらえないので、仕方なく供託金を出してくれる大政党から出馬するというケースは決して珍しくない。この現状を考えると、「供託金は候補者がいずれかの政党に所属することを促す」という形では機能せず、「供託金は候補者が既存の資金力のある大政党に所属することを促し、新しい政党ができることを抑制している」という、歪んだ効果を発揮している。

23 « Présidentielle : faut-il se passer des 500 signatures ? », L'Obs, 6 janvier 2022, pp. 14-15.

24 選挙供託金違憲訴訟を支える会－選挙供託金違憲訴訟を支える会 (jimdofree.com) https://kyoutakukin.jimdofree.com/（２０２３年8月19日、アクセス）。

25 カナダでは２０１７年にアルバータ州地裁が１０００ドル（≒10万円）の供託金に違憲判決を出したことを受けて、国の選挙管理委員会が供託金の廃止を決めた。アイルランドでは２００１年、韓国では１９８９年に供託金に対して違憲判決が出たことで、供託金制度が緩和された（https://greens.gr.jp/notice/event-info/22602/）。このように日本より低い供託金の国でも違憲判決が出て、供託金制度は廃止・緩和されている。

26 ２０２２年1月1日に視聴覚最高評議会「Conseil supérieur de l'audiovisuel (CSA)」が他の機関と合併し、改名された。

27 候補者名簿が発表される日から正式的な選挙期間開始日まで「全候補者が公平な扱いをうけるべき」というのは、「それぞれの候補者の以前の選挙結果、世論調査における支持率、どれだけ公共の議論に貢献しているかに基づいてテレビ、ラジオ等が出演時間を配分しないといけない」ということを意味する。

28 公職選挙法は報道機関に対し、虚偽報道や事実をゆがめた報道を禁止するだけで、各候補者を公平に報道する義務は課していない（公職選挙法235条の2Ⅰ、235条の4Ⅰ）。

29 「主要候補の報道は97％、他18名は3％。時代遅れな日本のメディア―上杉隆氏独占インタビュー」、選挙ドットコム、2016年7月30日（2023年9月19日アクセス）。

30 バカロレアの採点者は何百人もおり、一つの論文をそのうちの2人が採点しその平均点が得点となる。厳しめの2人に採点されるのと、甘めの2人に採点されたのでは当然差が出るが、その程度の誤差は仕方がないこととして受け入れられている。

31 「参院選比例区報道における「政党」の取り扱いについて」、緑の党、2013年7月14日（http://greens.gr.jp/seimei/8163/）、2021年1月28日アクセス。政党交付金をもらえる条件は、国会議員数が5人以上いるか、直近の国政選挙の選挙区総計か比例代表総計のいずれかで2％以上の得票率を獲得することである。

32 2009年、「衆議院の選挙区300万円を200万円、比例区600万円を400万円にする」という改正案が国会に提出され、衆議院で可決されたが、衆参の解散で廃案になってしまった。しかし供託金や選挙期間を他の先進国並みに大幅に減額、または廃止するというような改正案が出されたことはない。

33 この6年前に1年間フランスに滞在した時には、幼稚園だったが実行委員が十分に集まらなかったという理由で、夏祭りは開かれなかった。

34 フランスの大半の高校生は高校を卒業し（＝バカロレアに合格し）、国立大学に進学する。しかし、一部の優秀な高校生はバカロレア取得後、「grandes écoles」（グランゼコール）と呼ばれるエリート学校に挑戦するために、公立の準備学校で1～2年間学ぶ。準備学校への入学は高校時代の成績と教師の推薦文をもとに選抜されるため、日本のような入学試験はない。この準備学校を経て、初めて「grandes écoles」の入学試験（もちろん論文試験であり、正誤を問うような問題ではない）を受けることになる。これは、定員が決まっている相対評価である（この試験に落ちた生徒たちは、一般の国立大学に編入することになる）。つまりフランスでは、相対評価のストレスにさらされるのは全体のほんの一部であり、またその時期も成人して1～2年経っており子供ではない。それに対して日本の場合、定員割れした高校への進学を希望する一部の子供を除き、ほとんどの子供が10代の早いうちから相対評価のストレスに大なり小なり晒されることになる。

35 本音と建て前の身近な例を挙げてみよう。まず、道路の制限速度が思い浮かぶ。特に高速道路の制限速度違反は人命にかかわる重大な問題だが、はっきりいって大半の人が守っていない。納得いかないルールには従わない傾向のあるフランス人だが、高速道路の制限速度は人命にかかわることなので大半の人が守っている。確かに、日本の制限速度は今でも多くは時速80キロ（部分的に１００キロ）と遅い。多くの人は、少々違反しても危険ではないし周りもみんな違反していると感じて違反してしまう。常習的に違反していることについては大半の人に共通するが、何キロ違反するかについては各々が勝手な理屈でマイルールを作っている。「制限速度の10キロオーバーまでは警察は見逃してくれる（事実無根）から90キロまでは許される」「切りのいい１００キロまでは大丈夫」「昔は１０５キロ超えたらキンコン音が鳴っていたのが今は鳴らないし、１１０キロまでは大丈夫」「海外では１３０キロが目安だから、そこまでは安全」等々。日本の高速道路は80キロから130キロ超えまでが、「みんな違反しているし、法律の方に問題があるんだよね」と思いながら、思い思いに走る無法地帯となっている。

36 厚生労働省、「平成28年度人口動態統計特殊報告「婚姻に関する統計」の概況」、10頁。

37 稲井田茂、『世襲議員——構造と問題点』、講談社、2009年、41-42頁。

38 一例としてフランスの投票方法を紹介する。まず投票所に入ると、それぞれの候補者の名前が印刷された投票用紙を2枚以上（誰に投票するかが選挙管理人に分からないように、自分の投票したい候補者の用紙の他に1枚以上の用紙を取らなければならない）と封筒1通を取る。次に試着室のような個室に入り、自分の投票したい候補者の名前が書かれた用紙を封筒に入れ、残りの用紙はごみ箱に捨てる。個室から出て、投票用紙の入った封筒を投票箱に入れる。

39 佐久間亮、「世界でも異常な〝べからず法〟」、『しんぶん赤旗』、前掲。

40 片木淳、『公職選挙法の廃止』、前掲、87頁。

41 「禁止事項　時流と溝」、『中日新聞』、2012年11月7日を参照。

第3章　なぜ、政治に関心を持てないのか

——日本の政治があまり魅力的でない理由

執筆者Tは大学の教員である。学生たちに「皆さんはもっと政治に関心を持つべきだ！」と頻繁に意見している。しかしながら同時に、日本の政治・政治家があまり面白くないということもよく分かっている。

日本政治と比べると間違いなくフランスの政治は面白い。例えば、２０２２年4月の大統領選に向けて、半年前から各候補の選挙運動が盛り上がっていた。日本のように2週間程度の短い選挙運動ではない。左翼政党の党首メロンションと、新進の極右政治家ゼムールが2時間真っ向からテレビ討論を繰り広げていた。正反対の世界観に基づく主義主張から、移民政策についての議論が展開された。非常に興味深かった。無難な内容に終始するため、あまり違いの見えてこない日本の政治討論とは全く違う。決してフランスの選挙制度も完璧なものではないが、ついポスターや名前の連呼といった日本の表面的な選挙と比較してしまうので、「充実しているな」と思ってしまうのである。

こんな面白い討論番組は日本ではまず見ない。そのため政治に無関心な学生をあまり強く非

難できない。執筆者T自身は政治学が専門だが、確かに振り返ると、一市民としての義務感から政治に関心を持つよう努力したのではない。高校時代にテレビで政治家や評論家が出演する討論番組を目にして面白いと思い、自然と関心を持つようになった。本書の目的も、日本政治を面白くて自然と関心が向くようなものに変えていくことである。

先の第2章では、民主主義国家において国民一人ひとりに認められるべき被選挙権が日本では公職選挙法によって著しく侵害されていること、また、制度が地盤を引き継がない無名の新人にとって不利にできていることを説明した。そのため、大半の国民は潜在的候補者から除外されている。結果として候補者の多様性・質を下げている。つまり、能力があってかつワクワクするような新人候補者が出にくいのである。このことは日本政治が面白くない大きな原因になっている。

しかし、候補者の数・質の問題以外にも、日本政治が面白くなるために越えなければならない壁がある。第3章では、その他の日本政治をつまらなくしている原因について、政治活動・選挙運動から日常生活での政治との関わり合い方まで、日本で暮らしながら見えてきた問題点を、適宜フランスの事情と比較しながら4つに分けて論じたい。

1　表面的で中身の乏しい選挙運動

日本の選挙運動の中心的なものはなんだろうか。目につくのはポスター、街宣車、街頭での握手等を思い浮かべる人が多いのではないだろうか。まずは日本の選挙運動の基本ともいえる名前の連呼について考えてみよう。

『選挙』というドキュメンタリー映画において、選挙キャンペーンのスタッフの中心的なメンバーは「人って耳を貸すのは3秒と言われているんですよ。だから、その3秒1回に名前を入れるのは、言ってあげるのは、一つのテクニックです」と発言している。[1] また、駅前で通行人に向けて、立候補者を含めて8人程度の選挙チームがリレー式で簡単な挨拶を交えながら候補者の名前を連呼するのは、そのドキュメンタリー映画の有名な場面の一つである。つまり、日本の選挙運動で有権者に伝わるのは候補者の名前が中心で、ほとんど公約のようなものを伝えようとはしていない。短い選挙期間に嵐のように行われる選挙運動は、よく言えば非日常的な「祭り」、悪く言えば「騒音」である。

これは、欧米と比べて極めて表面的な形態である。アメリカやヨーロッパにおいては、似たような中身のない選挙運動はほとんど見られない。選挙運動の中心は、テレビ番組、演説会、討論会、チラシで、相手候補よりもより良い社会ビジョンと政策を訴えることだ。どうして日本ではこのような表面的な選挙運動の仕方になったのだろうか。実は、制度的な原因と文化的な理由の両方が影響していると思われる。

まず制度面だが、前章の繰り返しの部分もあるが、そもそも公職選挙法では移動中の車から演説をすることが禁止されており、短い文言の連呼行為しか許されていない。また公職選挙法により日本はどの選挙も2週間前後の短期決戦となっているため、その限られた期間にできるだけ多くの有権者の記憶に印象を残したい候補者にとって、フランスでの選挙運動の一つの柱である講演会（ポスター等で告知して集まった人を対象に政策を聞いてもらう）といった方法はなかなか採用できない。なぜならこの方法では、2週間では大した人数の人と接することができないからである。

だったら政策のパンフレットを作って配ればいいのではないかとは、小学生でも思いつきそうなことだが、前述したように、都道府県議会や市議会議員選挙の場合は路上で選挙運動用のビラを配布することが禁止されていた。解禁されたのは2019年、つい最近のことであり、解禁された今も配布場所や配れる枚数には厳しい制限がある。つまり、民主主義国家なら当たり前ともいえる選挙運動の多くが日本では公職選挙法によって禁止されており、制度的に選挙運動の内容が薄いものにならざるを得ない状況が放置されているのである。

しかし、内容の無いに等しい選挙運動を、制度の面からだけでは説明しきれないと考える。というのは、これがフランスならば中身のない選挙運動に人々が文句を言いだすだろう。日本でこのような中身のない選挙運動が長年受容されてきた背景には、「メッセージの内容よりメッセージの発信の仕方、つまり『形』のほうを重視する」という、日本文化の影響もあるのではないか。過剰包装にも現れている入れ物重視の文化である。「まずは形から入ろう」「とりあえず形だけでも」「形を整えることで中身も伴ってくる」という発言は、今でも生活の色々な場面で聞かれる。

同時に「根性」が高く評価される社会でもある。強い精神（根性）があれば何事でも成し遂げられるという考え方だ。具体例として、日本のスポーツの練習の仕方が挙げられる。練習の時間が長ければ長いほど強くなると思う傾向がある。昨今の温暖化に伴う熱中症予防の必要性という別方向からの要望もあり、多少の改善がみられるとはいえ、現在も小学校のスポーツ少年団から中高の部活まで、強いチームなら平日毎日のように練習した上に週末に数時間の練習を行うのは珍しくない。欧米なら、強豪チームでも平日毎日のように練習はしないし、週末はそもそも練習しないかやっても2時間程度であり、その分、効率の良い練習メニュー作りに力を注ぐ。それに対して日本の場合は、強くなるためには練習の内容もさることながら長い練習時間をこなすこと自体が大事だという考えがある。長時間の練習によって根性が鍛えられ、また、長時間の練習に耐えられないような根性の持ち主では所詮強くなれないという考えが未だにある。これと同様に選挙期間中、候補者たちは声がつぶれるまで、毎日毎日「よろしくお願い致します！」というようなシンプルなメッセージを有権者に向けて叫び続けることは、候補者として当たり前の活動だと考えられている。

このような政策の中身が全く分からない名前とあいさつの連呼活動は、選挙活動として一見ナンセンスだが、日本では効果があるのである。[2] なぜなら日本の有権者のかなりの割合が、出馬する人間の公約の中身よりもその人の「根性」を測りたい気持がどこかにあるからだ。逆に、「根性」そのものに重きを置かないフランスでこのような選挙運動を展開しても、票の獲得にはつながらない、もしかすればマイナスの影響すらあるかもしれない。

名前の連呼の他にも、選挙運動中の候補者による握手も、「型」を好み「根性」を評価する文化の表れと言えるだろう。日常で日本人はほとんど握手をしないにもかかわらず、選挙運動が始まると候補者は通行人に積極的に握手を求め走り回る。選挙においてはそれが当然の振舞い「型」だと思われ期待されている。人気候補者などは握手のし過ぎで手がしびれ使えなくなるくらい大変だというが、この姿をプラスに評価するのはそこに「根性」を見出すからであろう。これがフランスで、ただただ握手を求めて候補者が走り回り、「意外と手がしびれて大変なんですよ」と言う様子がテレビで映っても、好感度のアップにはつながらないだろう。「中身のない活動に時間とエネルギーを費やすぐらいなら、講演会の一つでも開きなさいよ」と白い目で見られるのではないだろうか。

日本の中身のない選挙運動のもう一つの例としては、選挙に出馬する人間が欧米と違って様々な地元のイベントに顔を出すという現象である。選挙活動の一環として、地域のイベントに参加するという発想はフランスにはない。フランスでは、候補者を支持するかどうかはあくまで政策が中心なので、ただイベントに顔を出すだけでは票は稼げない。

しかし、日本では前述の『選挙』というドキュメンタリー映画でも、候補者はたすきをつけたままスーツにネクタイ姿で老人会の運動会でラジオ体操に参加し、別のシーンでは、地域の神社の祭りにたすきにスーツ姿で現れふんどし姿の男たちと一緒にお神輿を担ぐ。このイベントに候補者が顔を出す文化的背景はなんであろうか。それは「村社会の名残り」と言ってよいだろう。封建時代、世界中の多くの村では見知らぬ人間はよそ者として排斥され信用されなかった。つまり日本の場合は、候補者がしなければならないことは、政策を伝えることよりも、集団の輪に入り慣習を同じにすることや、内容は何でもよく和気あいあいとおしゃべりをして打ち解け知り合いになることで、このようなことが、地域での票集めに関しては未だに重視されているのである。インタビューに答えてくれた元議員も「後援会の勧誘という形で訪問した有権者の方が、親しみを感じて『応援するよ』と言ってくださるのはありがたいのだが、政策の話になることは少なく、多くの方とは出身や家族の話など世間話で終わってしまうことがほとんどだ」と話してくれた。

要するに、日本の選挙運動は公職選挙法によって期間も短く禁止事項のせいで表面的なものになりやすい。しかし、このような内容の薄い選挙運動が長く問題視されず放置されている背景には、物事の「内容」よりも「形式」、「根性」を評価する文化的側面、よそ者（外の人間）

を信用しない「村社会の名残り」が影響していると考える。

高齢者の投票率が若者と比べて高いことも、このような地域イベントへの参加を効果的なものにしている。なぜなら日本の老人は根性や礼儀正しさ、共同体の一員である等のことを候補者の公約より重視する傾向が強いため、中身の乏しい政治活動の要因となっているのである。裏返すと若者の投票率が上がれば上がるほど、従来の政策と関係ない選挙活動は相対的に減少し、政策中心へと移行するだろう。

2　有権者・組織の狭い視野に基づく日本の政治

個人的な利益を基準に投票する人の存在

「ドブ板選挙」という言葉を聞いたことがあるだろうか。『広辞苑』では「候補者が路地の一軒一軒を歩いて回るような選挙運動」と定義されるこの選挙手法が有効な理由は二つある。一つ目は前述の「村社会の名残」で、日本の有権者は候補者の政策の内容よりも自分との距離感、つまり親近感の濃淡を投票の際の基準にする傾向が強い。そのため候補者は親近感を演出するために色々な集まりに足しげく通う。

そして、このドブ板選挙が日本で効果的なもう一つの理由は、日本の有権者の多くの関心が「社会全体の利益」よりも「自己・及び自己の属する集団の利益」に向いているからだろう。

なぜこのようなことが言えるかというと、多くの候補者は知人を介して個々の有権者の家を訪ねると、親近感を高めながら、同時にチャンスがあれば、個々の生活に密着した面での困りごとを尋ね、改善を約束して支持を訴えるからである。本来なら民主主義における政治は、選出された議員は全体の代表である以上、「全体の利益」を意識して行われるべき活動であるが、とかくドブ板選挙は、有権者個人や狭いコミュニティの「個別の利益」を主に視野の中心に置いて行われている。

例えば、○○市の市議会選挙ならば、○○市の将来的なビジョン、そこに向かうための政策を訴えるのではなく、顔を出した先が一地域の祭りなら、その地域の希望している箇所に横断歩道をできるだけ早く設置するように市に掛け合うとか、地元小学校へのクーラーの設置を他の地域に先んじて行われるようにする、といった次元の話が中心である。それらの陳情が候補者の社会ビジョンのどこに位置づけられるとか、他の政策との整合性等を候補者が説明することはないし、地元有権者もその部分にあまり関心を示さない。

もちろん、どこの民主主義国家でもこの悪い側面が多かれ少なかれ見られる。フランスでも、そのような下心で政治家にアプローチする人もいるだろう。が、表に出ないように普通気を遣う。政治家は常に「全体の利益」のために考え判断し行動するべきであって、支持者の「個別の利益」のために行動するべきではないし、有権者側もそのような便宜を本来期待するべきではない、という考えが定着しているからである。つまり、行政機関に対してするべき個別の陳情（苦情?）を、代わりに受け付け早めに通るように尽力するというのは、本来、政治家がするべき仕事ではないとフランスの有権者は理解している。

しかしながら多くの日本人は、未だに行政に何か頼み事や要望がある場合、少しでも早くその要望を通すために知り合いの政治家に口をきいてもらうことは何も恥ずかしいことではなく、むしろこのような関係を政治家と築いていることを自慢する人もいる。政治家を利用して本来平等・公平であるべき行政への要求の列に割り込みすることは、悪いことではなく、個人の人脈作りの結果だと考えている。何か小さな困りごとがあった時に「それなら○○議員に言えばいい」とか、「市とのつながりを持つために、△△議員にうちの団体の顧問に就任してもらおう」等の話は誰しも聞いたことがあるだろう。実際に、我が家にも知り合いが選挙前に候補者を家に連れて来たことがあったが、市政についての大きなビジョンの話はなく、「お困りごとがあったらすぐに連絡してください」といった趣旨の話だった。連れてきた知人も「この人に頼んだら、家の前の街灯が消えていてもすぐに変えてもらえるから。頼りになりますよ」という趣旨のことを言うのだ。初対面の私たちに堂々とこのようなことを言うのだから、日本では間違いなく、個人や地域の陳情を受け付け行政に掛け合うというのは政治家の仕事の立派な一部と広く考えられている。

フランス人の執筆者Tにとっては、自宅への訪問で「街灯の交換」や会議で「体育館の修繕を早めることを、地元の政治家を通じて市にお願いする」等の発言が堂々となされることは、本当に驚きだった。もちろん、日本にも個別の陳情を政治家にするのは良くないし、そのことと引き換えに投票することもおかしいと思っている人は個人ではいるだろうが、民主主義が成熟した社会だと言えるほどの割合にはなっていない。候補者の社会ビジョンや社会全体のための政策等よりも、自らや自らの属する地域とのつながりの深さ、問題があった時にどれだけ親身に尽力してくれるかどうかの方を投票先選びの基準として重視する有権者が多く、候補者もそれに応えようとする。

このように、日本社会には未だに政治家も有権者も「公共（全体）の利益」を考えて政治をするという民主主義の前提が十分に根付いていない。結果として、自分にとっての身近な利益に関わる問題・案件が無ければ投票に行かないという傾向が出てくると考えられる。実際に、コロナ禍の下で、フランスでは打撃を受けた産業や世帯などに向けていろいろな基準で多くの補助がなされた。しかし、日本では特定の対象に対する補助金や助成金と併せて、フランスと異なり国民全員への一律の給付も行われた。政策の理念の良し悪しよりも、自分に利益があるか無いかを政策の評価基準にしている有権者の割合が無視できないことを、政府は見抜いているのではないだろうか。

このような、個人や狭いコミュニティの利益優先の政治は、二つの理由で他の先進国よりも日本の若者の政治離れを助長していると考える。

一つ目は、先進国ではどこでも若者の地元意識は老人よりも低い。この地元意識の低い若年層にとって、日本の政治家が展開する社会全体の利益を無視し時に相反するような個別の地元利益誘導型のドブ板選挙は、自分とは関係ない興味のない話に聞こえるだろう。

二つ目は、こちらの方がもっと大きな問題だが、やはりどこの国でも若年層は老人よりも理想主義である。そして、学校教育で、政治というものは社会全体について考え決めていくことで、政治家もいったん選出されれば個別の選挙区の代表ではなく、「全体の代表」として考え判断しなければならないという、民主主義の本来のあるべき理想の姿を学んで間がない。しかし日本では、一番身近に接するチャンスのある自治体議員の多くが基本的に社会ビジョンや政策についてはほとんど語らないか、語っても無難なことに終始するだけである。そして、個別に有権者と親しく話す時には、御用聞きとしてペコペコしたり、自分の地元への利益誘導を功績として自慢する等、視野の狭い損得の話に終始する。このようなものを見せられるのでは、早い段階で現実の政治に幻滅してしまってもおかしくない。

フランスでは、政治家は有権者と接する時でも、日本の政治家のようにぺこぺこすることもなければ、逆に偉そうな顔をすることもない。当たり前のことだが、社会ビジョンや政策を訴えて有権者の支持を得ようとする。フランスの政治にももちろん汚い面があることは間違いないが、日本のように全体そっちのけの「利益誘導が政治の主要目的」といった態度で、本筋のビジョンに基づいて政策を語ることをおまけ扱いにすることはない。

ドブ板選挙でのやりとりで見られる、有権者の「社会全体の利益」に関心を向けず、「自己および自己の属する地域」という小さな地域集団の損得を基準に投票行動を行う「視野の狭さ」は、日本の政治家の「組織票」をまとめるという選挙運動と相性が良い。新聞等でも負けた理由を、「立候補の宣言が遅れ『組織（票）』をまとめ切れなかった」と分析する記事をよく見かける。

「組織票」に基づく選挙とは、企業その他の様々な政党以外の組織（例えば医師会、業界組織、農協、商工会議所、青年団、労働組合、ＰＴＡ、スポーツ等の趣味の団体、宗教団体（タイムリーなのは旧統一教会だが、影響力から言えば創価学会が断トツだろう））の構成員その家族の票をまとめることである。言うまでもなくそれぞれの組織は自らの利益を求めて特定の候補者を支持することになっている。新興宗教のようにトップダウンの命令が徹底している組織から、ＰＴＡのように同じ地域に住んでいる以外に共通点はなくトップの統率力がほとんど無いような組織まで様々であるが、これらの組織が政治家と付き合う理由は多くの場合、ドブ板選挙と同じく「社会全体の利益」のためではなく、自分たちの組織のために行政とのパイプとなってくれること、組織に有利な政策を後押しし、組織に不利な政策に反対してもらうためである。

安倍晋三元総理が、旧統一教会の被害者家族によって殺害されて1年そこそこで、旧統一教会の解散命令請求が政府によってなされた。旧統一教会との関係について、２０２３年10月13日の記者会見で細田博之衆議院議長は、「会合に呼ばれれば出る程度で、特別な関係はない」と述べている。[3]「特別な関係」ではないというのは、信者になってどっぷり入れ込むような関係ではなく、政治家が多くの支持団体との間と築く「普通の関係」と言いたいのだろう。しかし、「会合に出る」ことを大したことではないと言うのは、とぼけた態度だろう。組織票や選挙協力への見返りとして「会合に顔を出すだけ」でも場合によっては十分だ。特に違法性が疑われるような団体にとっては、現役のそれも与党の大物政治家が「会合に顔を出す」ことは、構成員や社会に向けて組織の正当性を印象付けることになる。また積極的に動かないこと、つまり被害者問題の先送りという不作為は、集票の見返りとしては十分だろう。このような関係が「普通の関係」なのだろう。

このように組織票固めでは、政治家からの「選挙の時には（自身またはうちの党を）お願いしますよ」という要求と、組織側からの「うちの組織に悪いようにはしないで下さいよ」というギブ&テイクの関係が地道に積み上げられる。

その極端な例として、地方議会選挙で一部上場企業など大きな組織がその従業員・構成員を立候補させるようなケースでは、ほぼ自前の組織票だけで議会に議員を送り込む。この場合、当選後の政治活動は「会社の利益」に沿うことが絶対的優先事項であり、「社会全体の利益」は完全に二次的になってしまう。

フランスで執筆者2人は、Tが子供の頃に所属していたバスケットクラブの100周年の記念イベントに参加した。フランスのスポーツは学校ではなく地域密着型なので、一つのクラブが、小学校低学年チームからベテランチームまで持っている。一度クラブに所属すると、スポーツを変えたり、引っ越しやプロチームに引き抜かれることがなければ、生涯同じクラブに通い続けることは珍しくない。執筆者Tと一緒に5歳でバスケットを始めた友人は、今は子供チームのコーチとしてクラブに関わっている。今回、入れ替え戦に勝ち、地方1部リーグからナショナル5部リーグへの昇格が決まり、100周年と二重のお祝いイベントであった。老若男女、優に100名を超える現役の選手にOB・OGが集まる朝から夕方までの盛大なイベントだったが、政治家は一人も呼ばれていなかった。もしかしたらOB・OGの中に一参加者としていたかもしれないが、スピーチやお祝いの電報などはなかった。日本で、学校の運動会やスポーツ同好会の忘年会などに市長や市議会議員がちょこちょこ顔を出すのを当たり前のように見ている日本人の執筆者Yにとっては、こんな地元に密着した団体のお祝いイベントで人が集まっているのに市議会議員が一人もやってきていないのは驚きだった。それもフランス人は日本人よりも政治の話題が好きなのに、である。

しかし、フランス人の執筆者Tは、こんな機会を政治家が自分の顔を売るために利用するのをフランス人は許さないし、逆効果になりかねないと言う。日常の様々なシーンで政治について周囲の人と語り合うことと、政治家が選挙運動のためにプライベートな時間に割り込んでくることを許すのは全く別だと言うのだ。「もちろん、一参加者として町の議員がイベントにいれば、僕に限らず政治の話題が好きな人は政治家に話しかけて議論するだろうよ。しかし、日本でよく見かける、『○○を早くやって欲しい』というような陳情をする人はフランスでは普通じゃない。逆に政治家がこの手の機会を利用してみんなの前でスピーチをして、クラブのために尽力するとか言って遠回しに自分への支持を要求すれば、場は一気に白けるよ。そもそも、日本の『陳情』にそのまま当てはまるような言葉はフランス語にはない」

確かにフランスに滞在中、リヨン9区の野外音楽イベントに遊びに行った時、区長が来ていたが舞台に上がって挨拶することもなかった。学生らしき若者が2人近寄っていって、対等な口ぶりで区の政策について意見や質問をしていた。「陳情のチャンス！」と寄ってくるような人はいなかった。

つまり、日本では政治家がイベントに顔を出し名前と顔を売ることと、組織が政治家に便宜をお願いすることがギブ&テイクの関係として公然と認められている。対して、フランスでは、このような個別の組織が政治家に便宜を求めることは良くないという意識が浸透している。そのためギブ&テイクは成立せず、政治家が顔を売るためにイベントに現れれば、ニンジンで票を買うような汚い真似で私たちの集まりを汚すな！　という心理が参加者の中に生まれるのだ。

もちろん企業のトップが、私欲のために政治家とつながり、カネを渡して便宜を図ってもらうことはフランスでもあり得る。しかし、あくまで政治家への見返りは金である。なぜならフランスでは組織の構成員の投票行動をコントロールすることは不可能に近く、政治家への見返りとして「組織票」を献上できないからだ。

日本の地方議員から名刺やパンフレットをもらうと、組織の顧問や会長等の肩書が山ほど並べてあることは珍しくない。フランスの議員はこのような地位に闇雲に就くことはないし、それを堂々と提示しない。有権者がそれを見れば、こんなに多くのしがらみを抱えた政治家が社会全体の利益を最優先に考えることができるのか、と疑われてしまうからだ。

日本では河井夫妻事件に見られるように、国会議員候補から地方議員に金が渡るのは、それぞれの地方議員に組織票をまとめてもらうことへの見返りだろう。違法だと分かりつつ大金を払う意味があるほど、一定の票は組織票としてまとめられているのだ。この水面下での組織票固めが、各候補者の政策の説得力の有無以上に選挙に影響するため、政策本位で政治を考える本来の民主主義の視点から見ると、日本政治はつまらないのである。

市民活動を政治に結びつけて考える習慣がない

日本における市民活動を見ていても、視野の狭さゆえの窮屈さを感じる。身近な問題に対処するための市民活動は、日本にもフランスにも多く存在する。両者を見ていて感じることは、日本の市民活動は往々にして目の前の問題に対処することに焦点が当てられ、その問題を生んでいる社会構造を変えることには関心が向きにくい。ともすれば、市民活動が問題を生んでいる社会構造の一部に組み込まれ利用されているようにさえ感じてしまう。

フランスの場合、何か問題に対処する市民活動なら、目の前の問題に対処しながらも、旺盛な批判精神で問題の原因が社会のどこにあるのか突き止めようとし、見つければそれを変えよう、つまり政治的なアプローチに出ようという展開はごく自然に起こることだ。市民活動に参加すると他の参加者とその問題の背景をどう考えているのか、当然今の政治をどう考えるかという話題になることが多く面白い。

例えば、海岸の清掃活動をするボランティア団体をイメージしてみよう。フランスなら、その団体のメンバーたちは海岸のごみを拾うという活動をしながら、同時に自然環境に溢れるほどのごみを作り出す社会自体の在り方について考え、問題が生じないような社会にするにはどうすればいいかを仲間と話すうちに、結果として過剰包装の商品の不買運動などのより政治的なアプローチの可能性も自然と話題に上る。しかし、日本ではむしろそういう例は少ないと感じる。日本にも海岸清掃のボランティア団体は沢山あるが、多くの場合、清掃が終わると「みなさんのおかげで綺麗なりました」あるいは「ゴミが残ってしまったので、ボランティアをもっと増やしたいですね」といった挨拶がされて解散になる。意識が問題の原因にまで及ばず、自分たちが対象とする問題を上手く処理できたかどうかで止まってしまうことが多いように感じる。ボランティアの数を増やす取り組みや、清掃を効率的にする方法は熱心に話し合われ、こういう点はフランスよりもずっと細かく熱心なのだが、そもそもの問題の原因について参加者同士でざっくばらんに話すことは明らかに少ない。

実際に、日本でゴミ清掃のボランティアにいくと必要以上にゴミ袋が配られ、ペットボトル飲料が当たり前のように配られることは珍しくない。「ゴミ袋は2人で1つで十分です」とか

「水筒を持ってきているからいらないです」と言うと「沢山あるから、遠慮せずにどうぞ」と言われ、「別に遠慮しているわけではない」と言うと不思議な顔をされることさえある。水筒を忘れる人もいるだろうから絶対に配るなというわけではないが、「ペットボトルやゴミ袋等を安いものだからと必要以上に配る習慣」と「環境を汚染するプラスチックごみ」ということの関係について考えたことがないといった人が珍しくないのはなぜなのだろうと感じるのだ。

フランスでは市民活動が社会問題を扱う場合、どんな分野でも政治的アプローチへと発展することは一つの選択肢として常にあり、自然な流れでもある。日本では目の前の具体的な問題を、視野を広げて社会全体の普遍的問題として捉えなおすことはあまりされない。原因として、前述したように学校教育では従順な態度が高く評価され、与えられた命令に素直に従う姿勢が身についているため「問題の原因が政治制度や経済構造という与えられた枠組みそのものにあるのでは」と広い視野で疑うことに抵抗を感じたり、たとえ疑っても、変えることは無理だと諦める気持ちが勝るのだろう。また、「村社会の名残」も影響していると思われる。何か問題に直面した人たちが自分たちだけの問題として抱え込み、社会全体の問題として連携して政治にアプローチするよりも、自力で何とかしなければならないと考える。あるいは政治を動かすにしても「自分たちの地元だけでもなんとかして欲しい」と個別の陳情スタイルになってしまい、同じ問題を抱える人と連携したり、問題に直面していない人を巻き込むことにあまり力を注がない。その裏返しとして、問題に直面していない人は、同情で終わってしまい、広い視野

「脱原発」ネットワークの機関誌表紙（2024年冬号 No.100）

で見れば自分の問題だと思うことができない。

具体例として、脱原発運動を見てみよう。

まずフランスでは、Réseau "Sortir du nucléaire"（「脱原発」ネットワーク）という全国規模の団体が90年代後半から存在する。[4] 規模は大きく（賛同者6万2819人、賛同団体891団体。2024年3月現在）フランス国内でよく知られている団体である。メンバーは、原発立地自治体の住人はもちろんだが、近くに原発はないが原子力発電に反対する個人や、多くの市民活動団体（環境保護団体や有機農産物推進の団体、芸術団体など）が参加している。


これに対し、日本で全国規模の反原発団体と言われてぱっと何か団体を思いつくだろうか。「原発への依存度はフランスほどではないとはいえ、地震大国にもかかわらず全国津々浦々に原発を有する日本なら、誰もが知る全国規模の脱原発の市民団体が存在するだろう」とフランス人執筆者Tは考えていた。しかし、フランスの「脱原発ネットワーク」に相当するような全国規模の団体は存在していない。これは長く原発の問題が個々の立地自治体の問題として捉えられ、原発の近くに住まない大半の人は、同情するものの日本社会全体の問題として意識できなかった。あるいは無意識のうちに意識しないようにしていたのだろう。同様に地元での建設に反対する人たちにしても、地元意識から一歩進んで「そもそも日本に原発を作ること自体が問題なのだ、原発の無い日本社会にしよう、日本人みんなの問題なのだ」という人はマイノリティだったのだろう。福島原発の事故が起こって初めてようやく坂本龍一ら文化人の呼びかけにより「さよなら原発１０００万人署名」という全国規模の署名運動が起こった。当時はある程度広がりを見せたが、事故から一定の時間が経ち、多くの人にとって原発問題は今でも非日常を生きる福島の人たちに同情するものの、他人事の次元に戻ってしまったようだ。

もう一つ、市民活動が政治性を帯びることに障害となっている要因として強く感じるのは、「政治思想（イデオロギー）」に関わることに対するアレルギーである。たとえ経済制度や政治制度に問題があると感じたとしても、このアレルギーから、思考停止に陥ってしまう人の割合が多いと思われる。日本は戦後「赤狩り」として共産主義者を弾圧したアメリカの影響を強く受けた。また、テレビで定期的に流される安田講堂や浅間山荘事件といった昭和の学生運動のショッキングな映像の影響で、「政治思想（イデオロギー）は危険だ」という社会通念ができている。
フランスにはない「政治思想＝危険」＋「政治＝汚い」というダブルのマイナスイメージが、日本の市民活動を政治から遠ざけているのだろう。もちろん日本でも労働運動や憲法9条改正等、ごく限られた分野においては歴史的に政治色が強く政党と結びついている例外的な市民活動もある。しかし、総じてこれらの特定の活動を除くと政治色を帯びることはまれであり、また政治色を歴史的に強く帯びている市民活動は右派も左派も構成員が現在著しく高齢化している。

広い視野での連携、政治色を嫌うという傾向がよく分かる例として、世界規模で展開する市民活動が、日本では人口規模の割に会員数を伸ばしていない事実がある。例えば、アムネスティ・インターナショナル（Amnesty International）とグリーンピース（Greenpeace）の会員数を日本とフランスとで比べてみよう。

アムネスティ・インターナショナルは、良心の囚人[6]を支援、救済する運動がスタートではあるが、現在は良心の囚人関連以外にも、国際法に則った難民の保護、救済活動や死刑の廃止、人権擁護などを啓発する運動を行っている団体である。そして、グリーンピースは世界で最も有名な非政府の自然保護・環境保護団体である。このアムネスティ・インターナショナルのフランス支部の会員数（２０２２年）は9万人以上であり、それに比べて日本支部（２０２１年）は個人会員と学生会員を合わせて２０００人である。同様に、グリーンピースのフランス支部の会員数（2020年末）は23万人以上に対して、日本支部（2021年末）は8369人であった。[7] なお、フランスの人口はおよそ日本の半分である。

日本では、自身に直接関係ない他国で起こる問題でも、同じ人間社会に生じた以上自身の問題でもあると捉え、なんらかの行動をとらなければならないと考える人の割合が少ないということだろう。「可哀そうだなあ、私の身の回りの人じゃなくて良かった」「恐ろしいな、日本がこんな国でなくて良かった」という同情で終わってしまい、人間社会という一段階上の視点で捉えて自分の問題として考える人が少ないのではないだろうか。また、災害支援の寄付行為のようなものなら積極的にできても、政治的色合いの濃いアムネスティ・インターナショナルやグリーンピースなどの活動に対しては関心が持てない、あるいは思わず引いてしまうという人が多いことが数字に表れているのではないだろうか。

市町村合併で政治が遠くなり面白くない

日本人に、自己の直接の利益に関わらない社会問題に関心を持たない傾向があることの文化的理由として、「村社会の名残」「従順な人間を育てる学校教育」「イデオロギー（政治思想）アレルギー」を挙げた。これらに加えて、近年の市町村合併が政治離れの傾向を強めたのではないだろうか。

どこの国に生まれようと、広い視野を最初から身に着けている人は少ない。自分の利益をいったん脇に置いて、社会全体にとって良い政策を考えることは簡単ではない。小さい自治体ではその気になれば、立場の異なる人と意見交換することも比較的容易である。また、自分の利益ばかり優先させようとする人は嫌われ居心地が悪くなるので、大概の人は、全体の利益と自分の利益がウィンウィンの関係になるような形を模索する努力をするだろう。加えて、当然のことながら一票の影響力は増すので政治に参加しているという実感も得られやすい。

この点フランスは人口が6000万人に対して自治体数は約3万5000である。単純に割ると一自治体の人口は約1700人だ。つまりフランスの自治体選挙の多くは、パリなどの大都市を別にして、日本の高校とさして変わらない規模の自治体も沢山あり、有権者一人ひとりが政治に関わっている実感を得やすい。前述したが、小さな自治体でも選挙となると数人の候補が立候補する。それに対して、日本は明治・昭和・平成の三度の大合併を経て、自治体数が2000弱にまで減少し、一つひとつの自治体が巨大化してしまった。1億2000万人を単純に2000で割ると一自治体の人口は6万人である。結果、現在では、賑やかな繁華街と過疎化の進む山間地域といった全く異なる地域が一つの自治体に含まれることも珍しくない。自分と立場の違う人間の問題を想像することはより困難になり、逆に一つの共同体という意識は薄れ、共同体全体の利益のために自分の時間を割いて頭を悩ますという感覚が育ちにくいのではないだろうか。また、知恵を絞ったところで、全体を動かすことは以前と比べて難しく政治参加のやりがいも得られにくい。

大きな都市に吸収される形で議会を失った小さな自治体では、かつては当たり前であった自分たちのことは自分たちで決めるという民主主義の基本である感覚は弱体化し、吸収先の自治体全体の問題については誰かにお任せし、せめて狭い地元（旧自治体）の利益だけは守ろうという内向きの意見を聞くこともある。地元が問題に直面した時に「昔だったらすぐに議会で話し合うところだけど、議会は無くなってしまった。誰に陳情しようか。この辺りが地盤の○○議員に相談するぐらいのことしかできないのかね」と、議会中心の民主主義の感覚から後退してしまっている。市町村合併によって、自治体としての村は日本からほぼ消えてしまい、民主主義の「自分たちのことは自分たちで決める」という政治参加の面白さを身近に実感できる場が遠ざかり、かといって村社会の名残（地元優先、他所のことは知らない）は無くならないどころか、場合によっては陳情政治や無関心を強めるというパラドックスを生んでしまっている。

3　政治家の落ち度に対する国民の過剰反応

日本政治をつまらなくしている別の要因として、世論が政治家の発言を失言として捉え、敏感に反応しすぎるという問題がある。それについて、二つの具体例を検討しよう。

２０１９年５月に「北方四島ビザなし交流の訪問団の一員として同行した日本維新の会の丸山穂高衆議院議員が、国後島訪問中、北方四島の返還に関し、『戦争しないと、どうしようもなくないですか』と訪問団の団長に詰め寄るなどした」という事件が大きく報道され[8]、メディア等において一国会議員が戦争を促すような発言することは決して許せない行為だと丸山議員は強く批判された。その後、丸山議員は謝罪及び発言撤回をしたが国会で議員辞職勧告決議案など辞職を求める動きが続いた。それに対して丸山議員は6月3日に国会に提出した弁明書において「国会は裁判所ではありませんし、ましてや人民法廷でもないはず」と反論し、「議員の出処進退は議員自身が判断すべきことであり、最終的には選挙での有権者のご判断による」として、「議員辞職する考えがないことを強調しました[9]」。

「北方領土を取り戻すために戦争しかない」という発言に対して賛否両論あるのは当然のことだ。しかしながらそういう発言をすること自体を許せないという姿勢は、言論の自由を脅かすものだと思われる。健全な民主主義ならば幅広い意見の存在とその表明を認めるべきである。すなわち、「北方領土の返還をこれ以上求めない」という意見から「北方領土を絶対返還させる。そのためには戦争も視野に入れる」という意見まであって良いはずである。丸山議員が主張した通り、大多数の有権者が丸山議員の発言を許せないのであれば次の選挙で落選させればいいだろう。誤解が無いように言うが、私たちは丸山議員の発想には全く同意できないし、北方領土を回復するために戦争をするなどとんでもないと考えている。しかし、それでも侮辱罪や脅迫罪に当らない限り、政治家が自己の政治的発言を理由に議員辞職させられるべきではないと考える。なぜなら、このような表現の自由への制約は民主主義的ではないからだ。フランス等欧米の観点から見れば、謝罪及び発言の撤回すら不必要なケースだったと考える。

次は、２０２２年11月上旬に起きたいわゆる「死刑はんこ」事件である。当事者の葉梨康弘法相は自民党岸田派国会議員の会合において、「法務大臣になって３か月がたつが、だいたい法務大臣というのは、朝、死刑のはんこを押して、昼のニュースのトップになるのはそういう時だけという地味な役職だ」と述べた。[10] それに対して「職務をちゃかしただけでなく、人命軽視とも受け取られる発言だ」というような評価が広がった。[11]

まず、一般国民の前で行われた発言ではないことに注目したい。つまり、同じ党の国会議員の集まりなので、ほとんどプライベートな状態だったと言えるだろう。そして、発言の内容自体は軽い表現ではあるかもしれないが、事実を述べただけとも言えるだろう。あれほど大げさに反応する必要はなかったと思われる。しかしながら、野党は直ちに葉梨氏の辞任を求め、ほとんどのメディアや世論が「集団リンチ」とも呼べるモードに突入した。その結果、数日後に葉梨議員は法相の職を辞職した。この場合でも、民主主義的手続きを通じて大臣の座に就いた葉梨議員を野党が発言を理由に辞任を要求し、それに応じないことを理由に国会での議論を停滞させ、国会の時間を空費することや内閣のイメージダウンを人質にとって要求を通した結果となった。

この程度の発言が命取りになるとなれば、議員はリラックスして発言することなどできなくなり、できるだけ余計なことは発言しない、できるだけ無難な表現を使うということになってしまう。それでは国民はそれぞれの政治家の本音や真意、考えの違いを発言から知ることができず、つまらないと思うだろう。大臣らのうっかりした発言を理由に辞任させるような言葉狩りは野党の仕事ではないし、このことは議員を委縮させ日本の政治をつまらなくしている。もしその発言が本当に人命軽視の見過ごせないようなものだったとしても、そのことを指摘するだけでよく、有権者の大半が見過ごせないと考えれば次の選挙で落選させられるはずである。フランスでは失言がどのように処理されているのか紹介する。

まず、フランスでも日常生活では「parole malheureuse（失言）」という表現が使われる。日本人と比較して率直な物言いをする傾向のあるフランス人であるが、なんでも無遠慮に言うわけではなく、その場にそぐわない発言をして、気まずい空気を作ることとは良いこととは思われていない。このような発言で、その場にいる人の気分を害したり傷つけたりすれば、非難の対象になり、謝罪を求められることもある。しかし、政治の場面では「parole malheureuse（失言）」という概念は用いられない。政治家の考えを知るためにも、本音を控えることを求めていないからだろう。また政治家の本音が聞き手の気持ちを害したといった程度の理由で発言を非難していては、言論の自由の抑圧につながるという意識があるため、政治家の発言に関しては問題発言が違法でない限り、発言内容に異論を唱えることはあっても、発言したこと自体の責任を求めるという発想にならない。結果、丸山議員や葉梨法相の発言など、日本でなら失言と騒がれるような発言があった場合でもメディアはこのような発言があったという報道はするだろうが、それ以上に反応しないだろう。

ただ政治・政治学の世界でも「言葉の暴走（dérapage）」という概念で、政治家の発言を非難することもある。この言葉は一般人の発言に対しては用いられない。政治家の発言があまりにも行き過ぎた場合、主に人種差別発言をした場合に用いられる。しかしそのような発言をした場合でさえ、フランスの政治家は辞職しない。例えば、「国民戦線（Le Front national）」という極右政党党首であったジャン＝マリー・ル・ペン（Jean-Marie Le Pen）は「言葉の暴走（dérapage）」で有名で、ユダヤ人に関する差別的発言で、罰金を払わないといけない場合もあった。しかし「彼は党首をやめるべきだ」という話はほとんど出て来なかったし、実際に党首をやめるようなことはなかった。大多数のフランス人の発想は次の通りである：「有権者たちがル・ペンの発言を気に入らないなら、次回の選挙で彼の党に一票を入れることをやめればいい」。つまり、丸山衆議院議員の発言に近い見方である。多くの人がそのように考えているので、フランスの政治の場では幅広い意見が率直に述べられて、興味深い討論も繰り広げられている。

さらに加えていうなら、「失言」というのは有権者に分かりやすく単純で盛り上がりやすい問題であり、メディアや野党は政治家の「失言」を好んで取り上げる傾向がある。その分、難しいが大事な政治案件を扱う時間が激減し、このことも政治議論の内容の乏しさを助長している。

このように、有権者が失言問題に過剰に反応することは、政治家を委縮させ本音の見えない無難な発言に終始させてしまい、かつ本当に重要な問題について国会等で議論する時間を奪う。結果として日本政治をつまらなくてレベルの低いものにしている。

4　表現の自由が完全に確保されていない

北朝鮮や中国と比べて日本には表現の自由があると思われている。確かに相対的にはあると言えるのだが、比較の対象をフランスにすると、その自由はかなり制限されている。しかし、そのことを意識している日本人は意外と少ないと感じる。日本の公の場における政治討論においてはタブーが存在していると指摘しても、ピンとこない人が多い。

具体的には、一般的に日本政府が決定した愛国主義的・ナショナリストな方針を批判するのは簡単なことではない。例えば、尖閣諸島、竹島、北方領土等の領土問題に関して政府の見解を問題視するのは許されない雰囲気がある。「固有の領土」という考え自体に異を唱えたり、相手国との関係を優先して日本の側から譲歩するべきといったような意見は公では言いづらい。このような意見をもっている人は一定数間違いなくいるはずであるが、テレビなどのメディアで、そのような発言が聞かれることはまずない。

同様に、拉致問題は領土問題と同等以上に敏感な話題だ。積極的に救済の努力をするべきという立場以外の発言を公の場で聞いたことがない。

さらに、天皇制あるいは天皇の存在を批判することも公の場では難しい。世継ぎ問題の解決策として、天皇制をやめたらどうかという意見を言う人がいても何もおかしくないはずだが、未だかつてそのような意見をマスメディアで聞いたことがない。イギリスでは、エリザベス女王の死去に伴い、チャールズ皇太子が国王になった。その戴冠式の日には街頭で君主制反対のデモがにぎやかに行われていた。[12] 日本では、公の場でこのような意見を表明することは非常に難しい。その原因は前項の失言と同じ、メディア等による過剰反応や非国民扱いといったことから、戦前から続く報道による自主規制、そして場合によっては生命をも脅かす右翼組織からの報復行為への恐怖といったものがあるだろう。しかし、理由は何であれタブーが存在し、それが深く染みつき、一定の微妙な話題になると、反射的に発言にブレーキがかかるという結果につながっている。

このような状況は、フランスでは考えられない。なぜならフランスには脅迫罪や侮辱罪といった犯罪に当らない限り、基本的に表現の自由を完全に保護するべきだという考えが社会で共有されているからである。例えば『シャルリー・エブド（Charlie Hebdo）』という風刺週刊誌にはタブーが一切ないと言っていい。この新聞は２０１５年１月のテロ事件で世界的に有名になったので日本でも知られているだろう（編集会議の参加者や、その周辺にいた人たち12名が銃撃によって殺害された）。イスラム教徒に対してきつい風刺漫画を掲載したことで報復の的になった。「イスラム教徒に対して差別的な新聞だ」とも報道されたが、実はそれは大きな誤解であり、シャルリー・エブドは「すべての宗教を『平等に』笑いの対象」にしている（つまり宗教そのものに否定的で、批判の対象にしている）。現に、フランスの第一宗教であるキリスト教も、昔から非常にきつい笑いの対象にされている。キリスト自身やローマ法王もその攻撃の例外ではない。フランスにおいてローマ法王は一定の国民にとって非常に神聖であるという点に関して日本における天皇と類似した存在といえるのだが、シャルリー・エブドはこのローマ法王の存在や権威を堂々と嘲笑い、熱心なキリスト教徒たちの怒りの感情を長年煽ってきた。しかし、2015年の事件までシャルリー・エブドを黙らせるために、キリスト教徒やイスラム教徒が暴力に訴えたという事件はなかった。

これに対して日本では新聞等の風刺漫画で天皇の権威に泥を塗り馬鹿にするようなことは絶対に考えられないだろう。それ以前に、風刺漫画の登場人物として登場させることさえ難しいのではないか。日本ではそのようなことはあまりにも危険である。これに対して表現の自由が保障されてきたフランスにおいてシャルリー・エブド襲撃事件は衝撃であり、事件後、表現の自由が後退することがあってはならないという「私はシャルリー（Je suis Charlie）」運動がフランス中で展開された。もちろん、シャルリー・エブドの風刺は「本当に」過激なので、批判の対象に愛着を感じている人たちを必要以上に刺激していると否定的な人もいる。しかし、いくら意見や表現が過激だからといって暴力に訴えて抑え込むことを社会が許すと、表現の自由の萎縮を招き危険だとして、テロ行為に反対するという人が圧倒的であった。これはシャルリー・エブドの主張に賛成かどうか、ジョークを面白いと思うかどうかとは別次元の話なのである。シャルリー・エブドが気に入らなければ、同じ表現の自由の次元で大いに対抗・反論するべきであり、決して暴力で黙らせたり委縮させたりするようなことがあってはならないということである。当時のシャルリー・エブドの編集長はテロで殺害されたが、その地位を引き継いだ現在の編集長もテロに屈さないと変わらぬ姿勢、つまりこちらが心配になるほどの過激さを貫いており、そのことをフランスの大半の人が支持している。

これに対して、2019年のあいちトリエンナーレ美術展での「表現の不自由展・その後」は、まさに日本での「表現の自由」の地位の低さが印象付けられた事件である。問題となった作品群は、「従軍」慰安婦を形取った少女の像や、天皇の像を焼いていくような動画である。フランス人の目から見ると「そこまで過激に反応する必要があるかな？」と思うようなものだが、これらの作品はこれまで主に政治的配慮から日本国内で展示を妨げられてきた。この現状を打開するための展覧会であったはずだが、結局、脅迫電話によって開催3日間で中止に追い込まれてしまった。中止に対する反対運動も起こったが「私はシャルリー」運動と比較して大きなうねりとなるほどのものではなく、後日、最終的にかなり制限された不自由な形で再展示された。

この展示について、主催者でもある名古屋市長が「内容がけしからん」と言って市の負担金の支払いを拒んだ。この庶民的なイメージ戦略で市民からの人気を得ている市長の態度は、当然、支持者ウケを考えてのことだろう。実際「展示作品の内容への賛否と関係なく、『表現の自由』は尊重されるべき」という、フランス人の目から見ると至極まともな判断に基づき開催を決定した大村知事に対するリコール運動という、「シャルリー」運動と真逆の運動が起こり、一定の盛り上がりを見せた。このことは、今の日本では自分にとって不愉快な内容のものは、その展示の機会を奪われても良いという発想の人がかなりの割合でいることを示している。また脅迫電話という暴力によって「表現の自由」が侵害されたことについて、平均的な日本人はそれほどショックを受けているように見えず、日本において民主主義の基盤ともなるべき「表現の自由」の地位がまだ十分に確立していないことが可視化された。[13]

このように表現の自由、言論の自由に対する暗黙の禁止事項が本来タブーなく闊達に行われるべき芸術や評論、新聞の表現や発言に存在し、主張の内容や表現の幅を狭める結果、日本の政治議論をつまらなくしている。

名古屋の不自由展と並んで、公の場での表現の自由がかなり制限されているという実態を物語っているのは、芸能人が政治的発言をすることに対する日本社会の反応である。例えば、ウーマンラッシュアワーという漫才コンビが、2017年に「THE　MANZAI」という番組で政治・社会問題批判を漫才のネタにした。コンビのリーダーである村本大輔はその後しばらく良い意味で注目されたが、徐々にテレビから彼の姿は消えて行く。つまり、日本で存在している「テレビのお笑いの中に政治・社会問題を入れるな」という暗黙のタブーを破ろうとしたが、結局、失敗に終わったのだ。

そのタブーが存在する理由としては主に2つが考えられる。まず、スポンサーに依存している民放のテレビ局の場合はあくまでも娯楽（エンターテインメント）を放送し、視聴者に不愉快な思いをさせないことが第一のルールであろう。なぜなら、不愉快な思いをした視聴者の頭にはその番組で流されるCMのメッセージが浸透しないからである。そして、もう一つ考えられる理由としては、冗談という形でも政治的な主張をすると身体的な危害を受ける危険があるからである。

オンライン雑誌の記事で村本は次のような質問をされた：「THE MANZAIで見られた政治的なコメディをこれからもやる予定ですか」。それに対して、彼は次のように答えた：「実は、おそらくもうしません。最近やった舞台の時に脅迫の言葉を浴びせられました。ある男が『地獄に行け』と私に言った。それを受けて、自分の安全と一緒に舞台で働いている人々の安全を考え始めました。過去、右翼の人によって刺された政治家等のケースがあり、少し心配です。また、おそらく、スポンサーも私に圧力をかけてくるので、将来そのような内容の舞台はもうしないでしょう」[14]。つまり、「怖くなったので政治ネタをやめよう」というのがその時の村本の気持ちだっただろう（後述するが、フランスではお笑いの分野で政治ネタは人気で、政治を笑う番組も新聞も沢山ある）。

村本のように政治ネタを中心に活動するケースだけでなく、芸能人が政治的なコメントをするだけで、炎上しその人気に悪い影響を与えることは珍しくない。[15]これはいろいろな理由が述べられているが、その根底には、日本の中に政治的意見の対立があるという事実を、見ないでいたい、気づかないでいたい感情があるのかもしれない。また、十分知識の無い素人が軽々しく政治に口を挟むべきではないという意識もあるのかもしれない。[16]しかし、民主主義国家と言えるには、学歴や職業に関係なく国民誰もが、政治的意見を持ちそれを表明することが人権として最大限尊重されるべきであろう。にもかかわらず「芸能人には仕事柄政治的意見を言ってほしくない」、更には「言うべきではない」という人権侵害に当たる意見が普通に述べられることからも、日本において「表現の自由」の地位が低いことが透けて見えるのである。

「戦争でしか北方領土を取り返せないのではないか」「天皇に戦争責任があったのではないか」――どんな意見でも、法律で違法とされるような発言でない限り、誰もが安心して述べ議論できて初めて、民主主義は面白くなる。

[注]

1　想田和弘監督、紀伊国屋書店（DVD）、2007年。

2　大阪大学大学院の三浦麻子教授の調査の結果によれば、候補者の名前の連呼は集票に効果があるようである。「三浦教授らは15年の兵庫県赤穂市長選で、候補者名の連呼の有無と選挙カーの位置情報などを調査。その結果、候補者名を連呼した選挙カーが通った場所に自宅が近い人ほど、その候補者に投票する傾向が高いことが分かったという。」(「選挙カーなぜ連呼する?」、中日新聞、2022年6月27日)

3 中日新聞、2023年10月14日。

4 https://www.sortirdunucleaire.org/

5 よく調べれば「たんぽぽ舎」という団体があるのだが一般に知られていない(https://www.tanpoposya.com/)。もっと知名度の高い活動として、「さよなら原発1000万人アクション」があるのだが、このアクションは福島事故後、著名人(大江健三郎、落合恵子、坂本龍一等)の呼びかけで始まった署名活動であり、これらの文化人が前面に出ることで政治アレルギーのある一般人でも参加しやすいものになったと思われる。実際には当初から既存の政党と関係のある全国規模の団体が活動を支えているので、フランスの反原発の団体とは異なる。また、加盟している各団体の個別の行動の掲示板的な役割が中心的で、独自の一般会員を持つ仕組みではないようである。さらに、事故直後は注目されたが、現在もこのアクションが続いていることは脱原発に関心が無い人にはあまり知られていない。

6 「良心の囚人(りょうしんのしゅうじん)とは、国際的民間人権擁護団体アムネスティ・インターナショナルが提唱している概念で、非暴力であるが言論や思想、宗教、人種、性などを理由に不当に逮捕された人をいう。」(Wikipedia より「良心の囚人」:2023年10月20日アクセス)

7 比較はそれぞれの団体のHPに記載された数字に基づいている。

8 「維新・丸山氏、国後島で『戦争しないと』その後に撤回」、朝日新聞デジタル、2019年5月14日(2020年4月19日アクセス)。

9　「丸山氏弁明書『憲法違反は飛躍』、国会の動き批判」、ＴＢＳ系（ＪＮＮ）、２０１９年6月3日（２０１９年6月4日アクセス）。

10　「葉梨法相『死刑のはんこを押してニュースに 地味な役職』発言」、ＮＨＫ（ＮＥＷＳ ＷＥＢ）、２０２２年11月10日（２０２２年11月13日アクセス）。

11　「政権また身内が火種」、中日新聞、２０２２年11月11日。

12　中日新聞、２０２３年5月7日。

13　政治家の失言に対する過剰な反応、過去の戦争責任や天皇制等特定のテーマがタブー視されるなど、日本ではフランスと比べて事実上「表現の自由」が保障されていない。一方で、ヘイトスピーチや児童ポルノ等、人種差別や弱者の人権侵害を含む表現については「表現の自由」を理由に長く規制に後ろ向きであった。現在もヘイトスピーチは国に罰則規定はなく、条例に任されている。またアニメや漫画での児童ポルノの所持は日本では規制の対象外である。事実上「表現の自由」が侵害されていることには鈍感だが、法律によって「表現の自由」に制限を掛けることには慎重である。

14　“Comedians Who Dare: Political Satire in Contemporary Japan”, Shawn De Haven, The Asia-Pacific Journal / Japan Focus（オンライン雑誌）, Volume 18, Issue 16, Number 3, August 15, 2020.

15　検察官の定年延長を可能にする「検察庁法改正案」の審議に関しては、反対の立場であることを表明する芸能人がいたが、発言の内容以前に、芸能人が政治的発言をすること自体に否定的な意見がかなり見られた（文春オンライン２０２０年12月31日、２０２３年10月31日アクセス）。

16　仕事で疲れて帰ってテレビをつけたのに、芸能人からまで政治の話を聞かされたくない、という人もいるかもしれない。しかし、政治の話を聞きたくないほど仕事で疲れている人が多数では、民主主義はうまく機能しない。比較的民主主義がうまく機能していたという古代ギリシャでは、有権者は午前中しか働かなかったという。確かに政治について聞き、考え、話し合う時間と体力がない人間にとって、簡単に答えの出ない政治の話題は疎ましいものに感じるだろう。日本の長時間労働も政治への関心の低さに影響しているのではないかと考える。

第4章　日本の政治をもっと身近で興味深いモノにするためには

——制度改革と新文化構築の必要性

総理大臣を直接選挙で選ぶことで（首相公選制）国民の政治への関心が大きく高まると、一部の評論家・学者及び政党（日本維新の会）は主張している。確かにフランスの大統領選挙の投票率は1969年以降常に75％前後と高く、国民の政治への関心を喚起するために首相公選制は有力な制度改革かもしれない。しかしながら、意外かもしれないが、アメリカの大統領選挙の投票率はド派手な選挙キャンペーンのイメージにもかかわらずそれほど高くない。1972年から2016年にかけて、その選挙の投票率は50％前後である。また、日本の自治体の首長選は直接選挙だが投票率は高くない。正確に述べると知事選の平均投票率は2015年に50％を切り、市区町村長選挙の投票率も2019年に初めて50％を切った。[1] さらに深刻なことに、その3分の1が無投票選挙になっている。

したがって首相公選制を導入しても、目新しさで一時的に選挙の投票率は上がるかもしれないが、しばらくすれば今とあまり変わらないレベルまで投票率が落ちる可能性は十分にある。

そこで本章では、第2章・第3章で紹介した「日本政治をつまらなくしている要因」を念頭に置いた上で、「政治が面白くなる」「面白いから有権者の政治への関心が高まる」「関心が高いから政治の質が上がる」という好循環を生むための抜本的な改善策を提案したい。

1　公職選挙法の問題点の改善

当然のことだが、第2章で紹介した、公職選挙法による理不尽な規制を大規模に廃止し、逆に資金の少ない候補や新人でも政策を周知できる効果的な制度を確立しなければならない。つまり、誰でもやる気があれば自由に立候補できるようにすることである。[2]

これには、二つの大きな効果がある。一つは、この改革が行われれば、これまでやる気と才能があっても経済的な理由で候補を諦めていた人たちが立候補できるようになるので、日本の政治家の質は間違いなく向上する。規制緩和で競争が生まれれば質が向上するというのはどこでも言われていることだ。公職選挙法は、間違いなく政界への参入規制として機能している。日本社会では、一般の労働者、いや子供でさえ厳しい自由競争原理のもとで、能力の向上を迫られている。なぜ政治家だけ百年前に作られた参入規制を改正せずその地位にぬくぬくと胡坐をかくことが許されるのか。むしろ、政治家こそ時代に合わせて変化せねばならない職業の典型のはずである。

子供時代を勝ち負けなど気にせず伸び伸びと過ごさせてやりたいという考えには私たちも賛

成である。特定の伝統産業や職業については、完全に廃れさせないために、完全な競争主義システムとは別の仕組みを構築することもあり得るかもしれない。しかし、政治家は社会のルールを作るのが仕事である。つまり、社会のソフト面でのインフラを作る機関であり、政治家の質が下がるということは多くの国民の生活の質の低下に直結するのである。国民の生活の質を落としてまで政治家の生活を安定させる必要はないだろう。繰り返すが、参入規制がなくなれば、間違いなく候補者の質と量は増す。有権者にとって、候補者の質が高ければ高いほど、選択の幅が広ければ広いほど政治が面白くなるのは、当然である。もちろん、このような公正な選挙が実現できれば、多選できるほど有能で魅力的な政治家はごくごく僅かで、職を失う議員も多数出るだろうが、有権者を引き付けられない人材は議会から去るべきだ。政治家以外にも職業は他にも山ほどある。

二つ目の効果は、参入規制がなくなり誰でも立候補できるということは、有権者の意識も変わるということである。スポーツで言えば、これまでどこまでいっても観客でしかなかった多くの人の意識が、控え選手の意識に変わるということである。テレビの前で試合を眺める観客と、ベンチから試合を眺める選手、同じ試合を見ても見る真剣度は全く異なるはずである。ただの観客なら、選手の下手なプレーを見せられ続ければ、うんざりしてチャンネルを変えるだろう。「それでも見続けるのが観客の義務です」と言われればそれは拷問だ。本来の民主主義は、観客として観戦する義務と、選手として参加する権利がセットのはずが、日本の政治は選手として参加する権利が一定の境遇の人間に偏っており、多くの人は下手なプレーの観戦を強いられ、義務違反と知りながら観戦放棄している状態なのだ。

繰り返すが、より多くの国民が万年観客ではなく、控え選手の意識で政治を見ることができるようにするためには、参入規制として機能している公職選挙法を抜本的に改正にするしかない。

①選挙期間を無くし、好きな時に選挙運動を始められるようにする。
②供託金を無くす。もし供託金をどうしても残したければ、非課税世帯であれば0円。その上で、地方レベルで1万円、政令指定都市の首長、国会議員は5万円程度で十分だろう。
③その他のビラ等の選挙運動の規制は、市の景観条例や道路交通法の範囲で取り締まることにして、原則廃止にする。

まずは、「選挙期間」という選挙運動制限を取り除くべきである。そもそも規定を残す意味が全くない。どうして、選挙期間以外は選挙運動をしてはならないのだろうか。ほとんどの欧米の国々では「選挙期間を制限する」という発想自体がない。候補者たちが自身のビジョンや政策を伝えるのを邪魔して、有権者に何の得があるのか。期間無制限の選挙運動が可能になったら、新人候補が時間をかけて自らの知名度を徐々に上げることができるようになる。また、選挙期間前後でポスターを張り替える必要もなくなるので、ポスター作製の費用や、貼り付けるためのマンパワーなどが大幅に節約できる分、中身のある選挙運動、つまりビジョンや政策の周知に力を注ぐことが可能になる。

また、短期間で票をまとめることと「組織票」はセットの関係である。「短い選挙期間」で公の選挙活動を禁止するからこそ、水面下でできる「組織票まとめ」が影響力を持つのだ。「短い選挙期間」→「水面下での組織票固め」→「政治とカネ」、この流れを理解すれば、カネの収支をいくら取り締まっても根本的な解決にならないことは分かるだろう。選挙期間をなくし、当たり前の民主主義国家のように有権者全体に向かった選挙活動が時間をかけてできるようになれば、賄賂や裏金の温床となる水面下での選挙活動の重要度はぐっと下がる。

つまり選挙期間を無くすことは、現役政治家と無名の新人を公平に扱うことになり、結果、有権者の選択肢が増えて政治が面白くなるのに加えて、副産物として「政治とカネ」の温床の一つを潰す効果もあるのだ。

そしてもちろん、やる気さえあれば誰でも気軽に無償で立候補できるようにしなければならない。つまり供託金制度を廃止すべきである。この制度も欧米の国々の場合はフランスをはじめ存在しない国がほとんどで、存在してもごくごく低額である。

さらに、素人でも簡単に選挙運動ができるために、〝べからず法〟と言われる極めて複雑な公職選挙法の内容を縮小しないといけないだろう。換言すれば、選挙運動を様々な無意味に等しい規定から解放すべきである。候補者やボランティアが、道で選挙活動のビラを配ることが禁止されているような恥ずかしい状態を早く解消しなければならない。

しかしながら、このように公職選挙法を大幅に改正し、誰でもやる気のある人が立候補し、原則自由に選挙運動ができるようになれば、今でさえ騒々しい選挙運動がもっと混沌とするのでは、とか、選挙活動をいくらでも前倒しできるとなれば、選挙にばかり政治家が力を入れて、本筋の政治自体に力が向けられなくなるのではと心配するかもしれない。だが、安心してほしい。フランスには、選挙期間はなくいつでも好きな時に始められる、供託金はない、日本の公職選挙法にあたるような候補者の選挙運動をやたらと制限する法律もない。景観条例や迷惑条例といったルールさえ守れば選挙運動は原則自由だ。その上フランス人は決して物静かな国民ではない。しかし、選挙前も路上は日本と比べてずっと静かである。

逆説的だが、日本の選挙運動の中身が無い上に無駄にうるさい一番の理由は、まさに公職選挙法の規制があるからだろう。規制が撤廃されれば、候補者であることを公にしたうえでオープンな講演会を地域ごとに開催すること、テレビやラジオで候補者を招いての討論会や、専門家と候補者との対談などが可能になる。このような充実した選挙活動によって候補者が有権者に名前と政策を十分に周知できるようになれば、「せめて名前だけでも」といった街頭での連呼の効果は著しく落ちる。内容のある選挙活動に有権者たちが慣れれば、うるさく連呼をする候補者は、無能で迷惑な候補者として有権者の目に映るようになり、自然とそのような行為を控えるようになるだろう。

また、公職選挙法は選挙期間を短く規制することによって、政治家のエネルギーを選挙よりも政治に向かわせることができているのだろうか。もし、日本でも選挙期間の定めを無くし、いつでも選挙活動ができるとなれば、政治家たちはエネルギーを今まで以上に再選のために使うことになり政治がおろそかになるだろうか。これに関しても、前述の規制廃止でかえって選挙が静かになるというパラドックスと同様、現役の政治家にとって一番効果的な再選のためのパフォーマンスは、できるだけ多くの有権者にとって魅力的な政策の実現ということになり、これまでのようにエネルギーと政治資金の大きな部分を占めていた地元での組織固めから政治家が解放されることになる。

フランス大統領選をみればこれが事実だと分かる。フランス大統領選挙では、多くの候補は選挙活動を1年前ぐらいから始める。それに対して意外に思うかもしれないが、現職の大統領が選挙モードに入るのは遅い。当たり前のことだが、現職の大統領は他の候補者と比べて、名前と政策の周知に関して大きなアドバンテージがある。また、現職大統領として良いパフォーマンスをすること自体が最高の選挙活動になるからである。そして立候補を表明すると、マスコミなどによる、これまでの任期中の政策の総括（批判）が始まり、また次回任期の政策について突っ込まれるので、それを遅らせたいという裏の側面もある（この意味でも、日本の短い選挙期間は現役の政治家にとって美味しいのである）。そもそも、現役の政治家が1年以上前から選挙活動に没頭してしまえば、有権者からもひんしゅくを買うだろう。結果として、いつでも自由に選挙活動ができるといっても、現役の政治家の場合、あまりにも早くから仕事をほったらかして選挙活動することにメリットはない。

これに対して、日本には選挙期間という縛りがあるため、公の選挙活動は新人も現職も短期間しかできない。そこで、水面下での組織づくりという政治活動の体裁での隠れ選挙運動が再選のための一番の要となっていることは前述した。そのため年がら年中常に支持団体のイベントや支持団体の有力者の冠婚葬祭などにまで顔を出す。この隠れ選挙運動には期間の制限はないため、選挙に強い政治家は、組織づくりを当選直後から次回選挙に向けて怠らずコツコツと続けている。つまり、本来の政治とは関係ないことに、膨大な時間とエネルギーを割いているのだ。パラドックスだが、選挙期間を無くすことで隠れ選挙運動の影響力が弱まり、本腰を入れた選挙運動を国政なら1年ぐらいに短縮できるのだ（地方自治体選挙なら半年程度だろう）。そして、これまで蚊帳の外だった組織に属さない膨大な有権者にまで、候補者の充実した情報が届くようになり、票が動くようになる。相対的に組織票の影響力は弱くなる。多数派である組織に属さない有権者からの評価を無視して、組織詣でに時間とエネルギーを費やすことは政治家にとって効率的でなくなる。個別の団体への陳情伺いや利益誘導といった、本来の政治家の役割ではない活動が大幅に削減されるのである。

再度述べるが、この公職選挙法は日本人が大切にすべき日本の伝統や文化に基づくようなものではない。その正体はたかだか100年前に現役政治家が保身のために設けた政界への参入規制に過ぎない。その当時は、大衆や労働者が支持する社会主義系の政治家の台頭を妨害することが目的だったが、現在ではそれに加えて若者や女性の政治参加の障害として機能している。この撤廃されることのない参入規制のため、長年日本の政界は新陳代謝できない斜陽産業になってしまった。政界が廃れるだけなら問題はない。しかし、政治が廃れるということは国民の未来が道連れにされることに他ならない。

選挙の時には、この3つの改正に賛成か、当選した暁には実行してくれるか、候補者に問うてみて欲しい。全く賛成だ、という候補者は自身の能力と政策に自信のある候補者だ。もし候補者が改正に対して難色を示すようであれば、政治家の地位に胡坐をかく気でいるのではないかと疑ってよいだろう。

2　国政選挙の改革

次に、絶対に導入するべきなのが、決選投票制である。日本の衆議院選挙は比例制（約180）と小選挙区制度（約300）が並立しており、議席の約3分の2は小選挙区で決まる。フランスでは下院577議席全てが小選挙区で決まるのだが、フランス人である執筆者Tが日本の選挙制度を調べ始めた時、1回の選挙で当落が決まるということは非常に驚きだった。国の未来を左右する重要なことを1回の選挙で決めていいのか、と単純に驚いたのだ。

フランスの場合、衆議院選挙に限らず大統領選挙、地方自治体の選挙も決選投票制が基本である。これは第1回目の選挙で過半数を取れる候補がいなければ、上位者だけで第2回目の決戦投票を行うという形である。大統領選挙の場合、第2回目に進むのは上位2名のみ、テレビで行われる「大ディベート」と言われる大統領候補者2名による3時間近い討論も、投票1回目と投票2回目の間である。下院議員の場合、登録されている有権者の票を12・5%以上獲得した候補者が決選投票に進めることになっている。投票率が100%で票がきれいに割れると理論上8人が決選投票に進めるのだが、普通2～3人、まれに4人で決選投票となる。

この制度の良い点は、日本の問題点と比較すると分かりやすい。日本では選挙前、野党は野党共闘のために膨大なエネルギーを費やさなくてはならない。特に小政党は、自党の躍進と打倒与党の間で板挟みになる。また決定した統一候補者を出す政党が必ずしも有権者の希望と一致しなければ、支持する政党に投票できない有権者はもどかしく思うだろう。決選投票制を取り入れれば、こういった問題が制度的に大きく解決される。

分かりやすく説明するためA党、B党、X党、Y党、Z党5つの党があるとする。A党とB党、そしてX党とY党とZ党はそれぞれ立ち位置が近い。世論調査での支持率は、A党：約22%、B党：約9%、X党：約14%、Y党：約16%、Z党：約8%であった。このような場合、フランスの決選投票制のシステムでは、まず第1回投票が行われる。結果は、A党：21%、B

党：10%、X党：16%、Y党：12%、Z党：9%であった。世論調査と異なり、2番目に得票が多かったのはX党であった。この場合、決選投票にA党とX党の候補者が進む。決選投票ではB党の票はA党に流れ、Y党・Z党の票はX党に流れる。結果、A党：31%、X党：37%で、X党の候補が当選することになる。

このようにフランスのシステムでは、有権者は1回目の選挙では、既存の政党の中で自分の考えに最も近い候補者に投票することになる。決選投票で、自分の支持する候補者が残れなかった場合は、「それでもましだ」と思える候補者に投票することになる。

これが日本のような1回選挙制度だとどうなるだろうか。それぞれの党が候補者を立て、有権者が皆、単純に自分の支持する候補者に投票したとすると、当選するのはA党の候補ということになる。しかし、あなたがZ党の支持者だったらどうだろうか、真剣に考えてみて欲しい。A党とY党の候補者なら、Y党候補者のほうがずっと良いと思う。そうすると、自分の本命はZ党なのだが、事前の世論調査からすると、本命に投票して票を無駄にするよりも、まだましなY党候補に投票するべきだろうかと悩むだろう。更には、X党とY党のように世論調査での支持が僅差だと、死票にしないためにどちらに投票するべきか明確ではない。このように、有権者はどの政党の政策に一番共感できるかという基準以外のことに頭を悩ませなければならない。

これは有権者だけでなく、各政党でも同じ問題が起きる。自党の候補者を擁立したい、選挙を通じて政策を広めたい。が、同時に立ち位置の全く違う候補者を勝たせるよりも、立ち位置の近い候補者同士で共闘するのが有権者のためではないか、という悩みを抱えることになる。その上、世論調査は必ずしも正確ではないから、どの党から統一候補を出すのがもっとも公平かつ効果的かを決めることは容易ではなく、政策協定も結ぶ必要が出てくる。また、統一候補選びは政党間で行われるため、有権者はどうしても蚊帳の外になってしまう。

立ち位置の近い政党間の力量が拮抗する選挙区がいくつかあれば、この選挙区では立候補を譲るからこちらの選挙区ではこちらに譲って欲しいといった政党間の話し合いによって統一候補を決めることになる。そうなると、譲らなければならなかった選挙区の有権者にとっては面白くない。統一候補選びの裏の事情を知れる一部の党員ならまだしも、蚊帳の外だった一般党員や党外の支持者の選挙に行くモチベーションは下がるだろう。

決選投票制であれば、このような無駄な悩みは大きく軽減される。あなたがY党支持なら、一回目の選挙で迷わずY党の候補者に投票する。Y党の候補者が2回目の投票に進めば、2回目も同様にY党の候補者に投票する。もしY党の候補者が2回目に進まなければ、X党かZ党のいずれか2回目投票に残った候補者に投票するだけである。悩むことは何もない。政党としても、統一候補選びや政策協定に時間をかける必要はない。

このように決選投票制を取り入れることで、有権者および政党の本質ではない部分の悩みを半減し、各政党の候補者擁立の機会を保障し、なおかつベストとベターの支持者の合計が過半

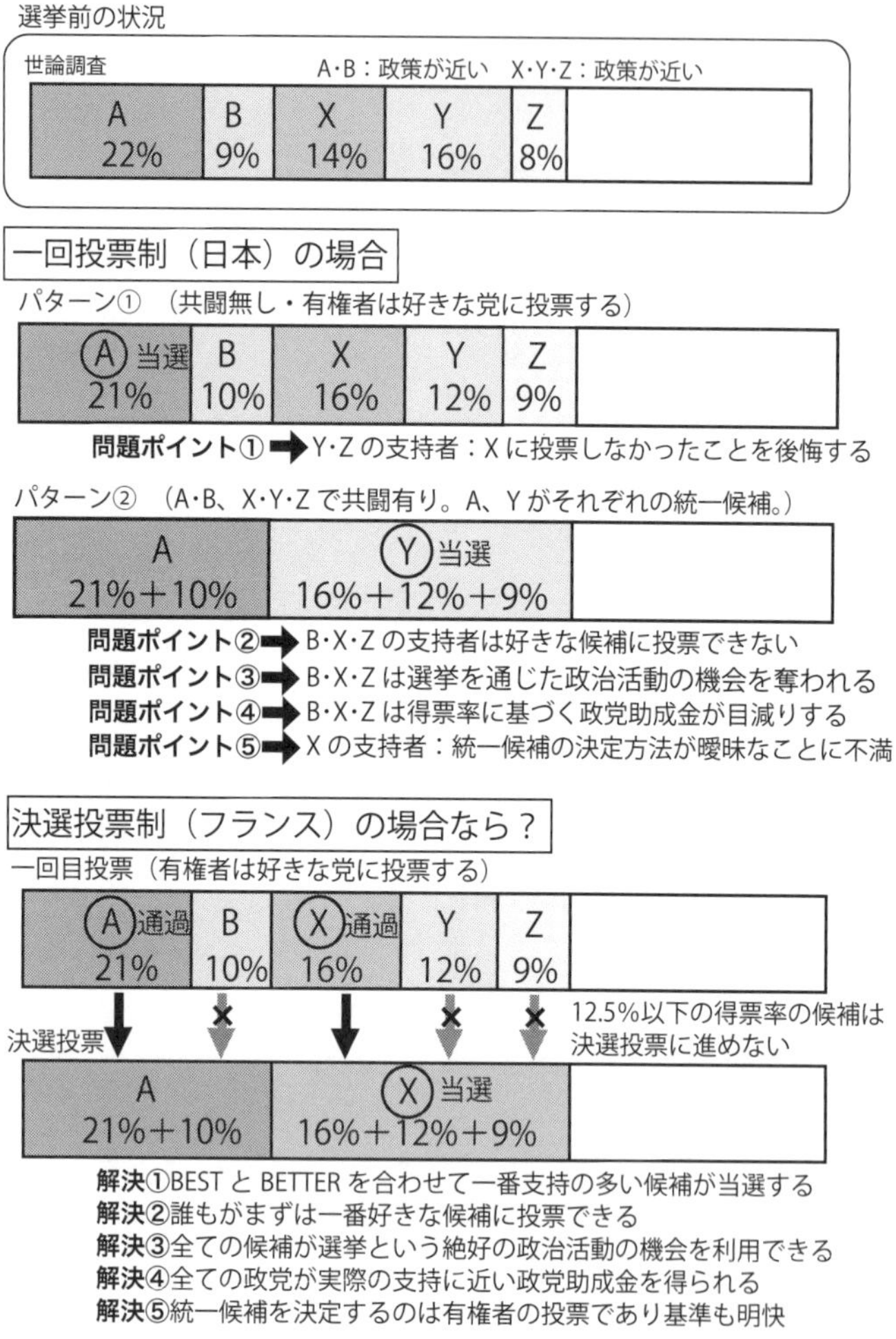
選挙前の状況
世論調査
A・B：政策が近い　X・Y・Z：政策が近い
A 22%
B 9%
X 14%
Y 16%
Z 8%
一回投票制（日本）の場合
パターン①（共闘無し・有権者は好きな党に投票する）
Ⓐ当選 21%
B 10%
X 16%
Y 12%
Z 9%
問題ポイント①→Y・Zの支持者：Xに投票しなかったことを後悔する
パターン②（A・B、X・Y・Zで共闘有り。A、Yがそれぞれの統一候補。）
A 21%＋10%
Ⓨ当選 16%＋12%＋9%
問題ポイント②→B・X・Zの支持者は好きな候補に投票できない
問題ポイント③→B・X・Zは選挙を通じた政治活動の機会を奪われる
問題ポイント④→B・X・Zは得票率に基づく政党助成金が目減りする
問題ポイント⑤→Xの支持者：統一候補の決定方法が曖昧なことに不満
決選投票制（フランス）の場合なら？
一回目投票（有権者は好きな党に投票する）
Ⓐ通過 21%
B 10%
Ⓧ通過 16%
Y 12%
Z 9%
12.5%以下の得票率の候補は決選投票に進めない
決選投票
A 21%＋10%
Ⓧ当選 16%＋12%＋9%
解決①BESTとBETTERを合わせて一番支持の多い候補が当選する
解決②誰もがまずは一番好きな候補に投票できる
解決③全ての候補が選挙という絶好の政治活動の機会を利用できる
解決④全ての政党が実際の支持に近い政党助成金を得られる
解決⑤統一候補を決定するのは有権者の投票であり基準も明快

「決選投票制」のメリット

数を超える候補を当選させることになる。また、1回目の投票の結果、自分の応援する候補が明らかに負けた場合、2回目の投票で妥協するのは納得いくだろう。

アメリカの大統領選挙も、実は決選投票制に近いシステムになっているといえる。ご存じのようにアメリカは保守の共和党、リベラルの民主党と大きく分かれている。大統領選の前にはそれぞれの党が予備選挙を行い、それぞれの大統領候補を選ぶのだ。これが実質1回目投票の役割を果たしている。この各党の候補者選びは州によって党員集会という形で議論によって決めるケースもあるようだが、多くは選挙形式で、投票権を党員に限定するケース、しないケースとある。いずれにしろ、両党候補者を決めるために一定の時間をかけている。

日本は大統領制を取っていない。大統領に匹敵する権力を有するのは、国会である。日本では国会でマジョリティを抑えることが、大統領に相当する大きな権力を獲得することである。つまり、国会議員を選ぶことは大統領を選ぶことに近い意味を持つ。それにもかかわらず、選挙期間はたったの2週間。そして、たった一度の投票で決めてしまっているのである。あまりにもお粗末すぎないだろうか。

執筆者Yの記憶では、小学校の学級委員でさえ決選投票制で決めることがあった。「えー、○○君になるぐらいなら、次点の△△さんに投票すれば良かったー」という意見をなくすためである。日本の国会議員の選出方法は、小学校の学級委員以下のお粗末ぶりだ。そろそろ他の民主主義国家同様、十分な時間をかけ、小選挙区にするなら慎重に二度の投票を行うことで、できるだけ多くの国民が納得する政治家が権力を担う仕組みに変えなければならない。

また、決選投票制を導入することで、政党助成金の分配がより公正になることも指摘したい。現在政党助成金の半分は、議員の人数に基づき、残りの半分は得票率に基づいて政党に分配されることになっている。つまり、議員の数が多ければ多いほど、得票率が大きければ大きいほど沢山の助成金が得られる。一見合理的なようだが、一回投票制の小選挙区選挙制度において議員数や得票率で政党助成金を割り振ることは、有権者の支持の割合と大きくかけ離れてしまい、大政党を優遇することになり公平とは言い難い。その上、世界でも類を見ない高額な供託金を要求するのだから、日本で新しい政党が育たないのは当然の結果である。

そこで、決選投票制を取り入れたうえで、得票率に基づいて分配される助成金に関しては、国会議員を有することを条件とはせず、第1回目の得票率に基づいて分配するという改善策を提案する。フランスでも、助成金の約半分（2020年：3400万ユーロ）はそれぞれの政党に所属している国会議員の数（下院と上院）に比例して分配される。そして、残りの助成金の約半分（2020年：3200万ユーロ）は国会議員選挙の1回目投票時の獲得票数に比例して各政党に分配される。また、残り半分の助成金を受け取るための条件は、全選挙区（約580選挙区）のうち50選挙区以上で得票率が1％を超えることである。1988年に助成金制度ができた当初は、日本同様国会議員を輩出していることが条件であったが、1990年に改正され、助成金の半分に関してはこの条件が取り払われた。

この決選投票制と助成金の配分制度のお陰で、フランスの場合、国会議員を出せない小さな政党でも獲得した票の割合に応じて助成金を受けとることができる。日本の場合、助成金を受け取るための条件として、党所属の国会議員が5名か、国会議員1名かつ2％以上の得票率が求められる。そのため、たった一票の差で議員を出すことができなかった場合でも、助成金はゼロである。また、複数政党が集まって統一候補を出した場合、協力した党の支持者の票は候補を出した党の得票率に吸収されてしまうので、有権者の本当の支持の割合と、政党への助成金の分配との間にずれが生じてしまう。

現在の日本では政党交付金を獲得している政党は国会議員を輩出している9党（共産党のぞく）しかない。これに対してフランスでは、16の政党が助成金を獲得しており（2017年）、そのうち約3分の1の政党は下院で議員を輩出していないが、50の選挙区で1％以上の支持を得て助成金を受け取っている。その中の一つ、2017年の選挙半年前に結党された動物愛護党も、53の選挙区で1％以上の支持を得た。[3] できたての新しい政党が成長するのを支える仕組みになっている。また、現時点で国会議員を出す見込みのない党の支持者でも、自分の投票によって政党への助成金が増えるのであるから、1回目投票から参加する実際的な意義がある。このように、決選投票制は小政党が選挙に参加する機会を保障し、また小政党への支持を助成金の配分でも公平に反映させる制度である。小政党や新しい政党に有利な制度にするべきだと言うのではない。既存の大政党に有利な制度を改め、政界を活性化しようという提案だ。

もう一つの国政選挙の改革は、日本の衆議院選挙における比例復活という制度の廃止だ。日本の衆議院選挙は「小選挙区比例代表並立制」で、465人の衆議院議員のうち、約6割の289人を小選挙区制で選ぶ。全国を289の選挙区に分け、1つの選挙区から1人の代表者を決める。残りの176人は全国を11のブロックに分けて行われる比例選挙で選ばれる。候補者は比例と小選挙区の両方で立候補が可能となっており、小選挙区で落選しても比例で当選する「比例復活」という現象が起きる。例えば、2009年の衆議院選挙に際して、比例で当選した者180人中97人は、小選挙区でいったん負けた議員の復活当選だ。政党別に見ると自民党比例区当選者55人のうち46人が復活して議員になっており、決して小さな数字ではない。[4]

この比例復活という制度には二つの問題がある。

まずは、小選挙区での有権者の判断が覆されることになり、有権者にとって選挙が虚しいものになってしまうことだ。政治家の失言のところで述べたが、政治家が一定の発言をした時、その発言が過激なものであったとしても違法でないのであれば、次回の選挙で有権者が判断すればよいのであって、マスコミや野党がその発言を失言だという理由で辞任に追い込むのは妥当ではない。民主主義ではあくまで有権者に政治家の言動の責任の判断を委ねるべきだ。その考えからすると、有権者の判断を尊重するために、小選挙区で有権者から明確にNOと判断された候補者を所属政党の事情で復活させることは、妥当ではない。

二つ目の問題は、比例で多くの議員を当選させられる大政党所属議員の場合、政党から見捨てられない限り、小選挙区で連敗しても政治家を続けながら、小選挙区再選を目指すことが可能となる。つまり、議員生活のセーフティネットとして機能するこの制度は、再選が一番の目的という職業政治家を増やしてしまう。このような候補者は有権者の声よりも、政党内で上手く立ち回り比例リストの上位に載せてもらうことが一番の関心事になってしまうだろう。

そもそもこの比例復活というおかしな制度がなぜ取り入れられたのか。この制度は中選挙区から小選挙区への改革の際（1994年）、勝ち残ることができそうにない議員の身分を保証するために作られた制度だということは多少政治に関心のある人なら知っている。いい加減、有権者の審判を無視して政治家の保身を図るおかしな制度から卒業するべきだ。

3　大臣を支える専門スタッフの充実

実は日本の国会、特に予算委員会における国会議員から政府への質疑の時間は非常に興味深い内容になる可能性が十分にある。ここまで、選挙制度を中心に日本の制度の問題点を指摘しフランスの制度を手本にしてはどうかと提案してきたが、国会の質疑応答に関しては、むしろフランスの国会が日本を手本にしたらどうかと思う。

フランスの場合は2分間の質問と2分間の答えしか許されていない。そのため日本の国会のように首相や担当大臣と、野党議員の間で質疑応答が繰り返される充実した討論というものが生じ得ない。それにもかかわらず、なぜか日本の国会の答弁の多くはフランスよりつまらない。どうしてだろうか。フランスの場合は「政府への質問（Les questions au Gouvernement）」は予め提出されていない。そのため質疑に応じる閣僚たちはその場で特定の問題に対して自らの知識及び弁論能力をフル回転して対応することが求められる。結果として、短いやり取りであるものの面白い内容になる場合が多い。当然、無能な人間を大臣につけることは大統領にとって命とりとなる。

それに対して日本では、質問は予め提出されており、答弁は官僚中心で準備される。結果として、大臣たちの答えの多くが官僚の作成した作文の朗読であることが通例であり、質問に対する返答になっていないはぐらかしの場合も珍しくない。再質問しても、壊れたレコーダーのごとく用意された文章を若干変えて繰り返すことも多く、国会中継を見ている有権者はイライラするか、そんなものとして諦めてしまうかである（党首討論は例外であるが、定期的に開かれるわけではない）。

２００９年に民主党が政権の座についた時に「政治主導」という名の下にそれを変えようとした。各大臣が官僚の助けを最小限に抑え、自分で答弁を準備していた時期のことだ。最初の数か月は「国会が面白くなった」という国民の声がかなりあったが、その状態は長続きしなかった。民主党政権による政治主導が上手く行かなかった理由については様々な説があるが、各大臣を支える専門スタッフが充実していなかったことが大きな原因だと思われる。つまり、大臣たちが疲労してきて不正確な答弁が徐々に増え、民主党政権に対する批判の原因になった。日本の大臣たちは巨大なピラミッドである官僚機構うまく使いこなせず、用意されたレールから外れようとすると孤立してしまうのである。[5]

それに対してフランスの場合、各閣僚は協力者として多くの専門家を任命することができる（2017年以降大臣1人当たりの専門スタッフを10人に制限された）。この専門スタッフは外部の人間でも構わないが、多くの場合は思想の面、政治的な立場が近い国家官僚を引き抜くのだ。彼らは官僚機構から切り離され、大臣専属のブレインとして働き、その役割を終えたらまた官僚機構に復帰する。[6] 大臣達は、強力な専門家チームを味方に抱えることができるお陰で、担当している省の官僚機構に言いくるめられることなく、必要に応じて知識と根拠に基づき、個性のある政策・演説を行うことも可能になる。

日本の場合は、副大臣と大臣政務官が4、5人いるとはいえ、大臣自ら任命する訳ではなく、そして任命される側もその分野のエキスパートではない。多くはただの国会議員であり、特に自民党政権の下では大臣へのステップアップの一歩として入閣待機組から当選回数と派閥間のバランスを考えながら選ばれることになっている。[7] その結果、チームとしてのまとまりも弱く、能力的にも官僚機構を使いこなせるようなものにならないのは当然である。政治的な判断能力や実行力を持った人間が大臣ポストにつき、政治主導の国家運営が行われることを真剣に希望するのであれば、フランスのように大臣に潤沢な専門スタッフの任命権を与えるべきである。

エキスパートのチームは大臣を支え、国会に強い姿勢で臨める力がもたらされるだろう。

ただ忘れてならないのは、この改革は公職選挙法の改正と同時に行われなければ意味がないということだ。今の日本は公職選挙法という現職議員や世襲候補に有利な選挙制度の下でなければ当選できないような、能力に問題がある、あるいは志の無い議員が相当数いる。彼らの大半は職業政治家であり、最優先事項はできるだけ長く政治家の地位に居座り続けること、できるだけ高い地位に上ること、そしてその地位を自らの後継者に引き継ぐことである。そんな職業政治家にとって大臣ポストは肩書としては魅力的であっても、大臣になって大きな政治的判断をしたいわけではない。無難に大臣ポストをこなすことが最優先であり、政策決定に関しては官僚に任せて、自身は失言に気を付けながら作文を読むだけなのである。むしろ、「難しい判断を官僚にお任せできる今の状況は助かる。いやそうでないと困る」というのが本音の議員も決して珍しくないだろう。そのような議員にとっては、専門のスタッフを持てる制度などは却って迷惑かもしれない。

この改革、官僚の立場からしたらどうだろうか。

日本は、官僚は一流、（経済は二流）、政治は三流と言われている（最近は三流の政治家に人事権を握られて、官僚も三流になったという声も聞くが）。なぜ最も優秀と言われる人間が政治家ではなく官僚を目指すのか。繰り返すが日本の政治家の世界では世襲であることが圧倒的に有利に働くなど、能力とやる気だけではどうしようもない壁がある。このような背景で、自分の能力しか頼りにできない人間が政治に関わり国を動かしたければ、政治家ではなく官僚を目指すというのは自然なことだろう。そして彼らは、実際に本来の領分を超えて国を動かしてきたのではないだろうか。

例えば、郵政不正事件で冤罪に巻き込まれながらも最終的に厚生労働次官まで務めた村木厚子氏は、著書『公務員という仕事』の序盤で公務員（官僚）の仕事を「ニーズの翻訳」と表現している。[8]国民のニーズや願いを汲み取り、制度や法律の形に作り上げていく、翻訳していく仕事だと述べている。これだけだと政治家の出番はないように読める。その後で、政治家と公務員の役割分担として、「国民の願いやニーズをつかんで政策の大きな方向性を決めていくのは政治家の仕事、その方針を踏まえて具体的な制度設計をするのが公務員」とも述べている。そして、政治主導と役所のイニシアティブの関係をまとめると、①年越し派遣村のような世の中の関心を大きく引いた問題では政治家がリーダーシップを取り指示が下りてくる②目立たない問題については役所がイニシアティブをとり政治家に選択肢を与える③少子高齢化問題等誰の目にも明らかに重大な問題は政治家と役所の共同作業で進んでいくこともある、ということだ。つまり、村木氏によれば政治主導になるかならないかの基準の一つは、世の中の関心の高さということになる。政治的な関心が低い今の日本では、多くの問題は官僚自身がニュースや現場、データ等から直接世の中のニーズを汲み取り、法案を作り、政治家を説得するという構造になっていると思われる。

実際200頁以上の村木氏の本の中で、「間近で見た政治家の姿」というタイトルの部分には4頁しか割かれておらず、政治家の存在感の薄さが伺えるのである。その上4頁で取り上げられた2つのエピソードも、政治家同士の政策議論の話ではなく、また官僚が政治家の判断を仰ぐ話でもない。選挙の前に消費税増税をすることで政治家の間で意見が対立した話と、他党が提案した政策に乗りたくないとごねる政治家がいるという話であった。この本では尊敬できる政治家にもたくさん出会った、とは述べられているが、行間からは「かなりの議員は再選を気にしたり、自分や自分の党の手柄にならないといった理由で政策判断を渋ったりする。それに対して、我々公務員（官僚）は目立たない存在ではあるが国民優先で切れ目なく頑張ることができる」というメッセージが読み取れる。

こんな政治家に任せておけないという官僚の強い自負が政治主導を妨げているとすれば、残念なことである。つまり、「内閣のブレインとなる専門スタッフを充実して政治主導の国家運営にする」という改革がうまく機能するためには、官僚が心理的に「政治家は自分の再選のためではなく国民のために政策を考えている」と感じ、「政治家の掲げる政策は大半の国民の希望を反映しているのだ」と納得することも一つの条件だろう。現状のように投票率が低く、地元の有権者の御用聞きや便宜を図ることで再選を繰り返す議員が多数いるようでは、官僚の自発的な協力は望めない。この改革がうまく機能するためには、公職選挙法の改正による政治家の質の向上が何よりも不可欠だ。やる気のある国民全員に公平に立候補の道が開かれ、狭い視野に基づいた利害関係ではなく、広い視野に基づく政策論争に関心を持つ有権者によって政治家が選ばれるようになって初めて、官僚は政治家の掲げる政策、政治家の感性の後ろに民意を感じるようになる。このような条件が整うことで、大臣から指名を受けた官僚が官僚機構を離れ、内閣のブレインとして自らの能力を政策立案のために進んで提供することを期待できるようになる。

4　地方政治の相乗り現象の解消と地方議会の活性化

「日本の政治」といえば、国全体を動かす国政をまずは思い浮かべるかもしれない。しかし、本来有権者として政治を動かしていると強く感じることができる場は地方政治のはずである。なぜなら国政での一票と比べ、地方レベルでの一票は相対的に影響力が大きいからである。また、市長選挙や市議会選挙で誰に投票するかは日常生活の質にダイレクトに影響してくる。例えば子供手当、教員の配置数等、国は全国一律の数字を定めるが、実はそれは最低ラインでしかない。自治体ごとに上乗せの有無、その数字も変わる。つまり、実際の生活の質を決めるのはむしろ各自治体なのである。隣の市や県という身近な比較の対象もあり、選挙になればぐっと盛り上がってもいいはずであるが、今日本の地方選挙の投票率は下がる一方で、国政以上に有権者の関心の低下という問題を抱えている。

2021年9月に鈴木英敬三重県知事が衆議院選挙に出馬するために辞職した結果、知事選挙が実施された。その時は候補者が3人いたが、1人の候補者（一見勝之）に自民党、公明党、立憲民主党、国民民主党が相乗りで推薦した。このように国政選挙で対立している政党同士が地方レベルでは同じ候補者を支援する形は日本の場合は珍しくない。国会の与野党両方からの支援をもらう候補者が勝利することは誰の目にも明らかである。当然、選挙に対して強い思い入れもない大方の有権者はわざわざ投票に行くのはばかばかしいと感じ、投票率は低かった（2021年三重県知事選挙は38％だった）。

まず、国政で対立している野党が与党と同じ候補者に相乗るというのは、フランスでは非常事態（極右政党を阻止するために右派と左派が協力するケース）以外絶対にあり得ないことだ。もしフランスで、国政では立ち位置が違うとして対立している党が地方では同じ候補に相乗って選挙協力をすれば、一貫性がないとして有権者からの信頼を失ってしまう。また、選挙は党の政策を宣伝し存在感を示す絶好のチャンスなのに、みすみすそのチャンスを逃すことにもなる。そのため、相乗りはあり得ない。同じことが日本でも言えそうだが、地方自治の場面で、日本では相乗りという現象が普通になりつつあり、有権者の政治離れを助長している。これは地方議会が本来の議会としての役割を果たしていないことが原因だと考える。

当たり前のことだが、議会で各野党の議員たちが普段からそれぞれの党でまとまって首長に対立する勢力として行動していなければ、首長選挙の時に協力して対立候補を擁立することは難しいだろう。本来、議会とは市長を支持しない野党勢力にとって、首長の予算案や条例案に対して批判や代替案を提示し、有権者に次回の選挙では「私たちの党に任せてください」とアピールする場のはずである。国会を見ればそのように機能している。国会での質疑応答では、有権者は質問する議員個人だけではなく、その議員を通して所属政党をも評価しているのだ。野党議員は内閣の政策の問題点をできるだけ鋭く指摘し、別の選択肢、つまり自党の政策を提示することで有権者に次回選挙に向けてアピールしている。

日本の地方政治と同じく、「大統領（首長）」と「議会」という権力の二本立ての仕組みを持つフランスやアメリカでも、議会において、当然だが野党は大統領の提案の問題点を指摘し修正や廃案を求める。通常多数派ではないから原則その要求は通らないが、それでも批判やより良い代替案を提示することで、「次回の大統領（首長）選挙では私たちの党の候補者に任せてください」と、有権者にアピールしているのである。

なぜ、日本の地方議会はそうならないのか。アメリカやフランスの議会と比べて権限が弱いからなのか。実はそのようなことはない。むしろ日本の地方議会は、首長の提案する予算案や条例案の議決権を有するだけでなく、更にはアメリカやフランスの議会が有さないリコール権まで持っている。[9]

しかし、その権限とは裏腹に、日本の地方議会の存在感は非常に薄い。多くの野党は次期首長選挙に向けて有権者の支持を獲得するべく議会で存在感を示すことよりも、党としての存在感を犠牲にしてでもオール与党に与することを選んでしまう。市長への質問も議員個人の存在感を示すことが目的で、次期市長選挙での自党候補への投票を訴えるようなものではない。その理由は、議会の権限が首長に対抗できるのは議員が団結し過半数を握った時にもかかわらず、議員の多くがバラバラで活動しているからだ。選挙制度でも、大選挙区制、中選挙区制のもとで数％の得票率（下位当選者は1〜2％程度の得票率）のみで当選している個々の地方議員と、小選挙区制で市全体の有権者の大半から支持されているという建前の市長とでは、個別には対等な関係になりえない。にもかかわらず、なぜ地方議会の議員はバラバラなのだろうか。

まず、共産党や公明党といった例外はあるものの、自民党や立憲民主党といった大きな党と関係のある議員の多くは政党カラーを出したがらず、無所属で立候補することが多い。政治カラーを出したくない理由には、「巨」大選挙区制度（政令指定都市においては中選挙区制度）が大きく影響している。[10] 中間的な市町村議会で30議席があるとすると、当選者は有権者の票を30人で分け合うということになる。つまり、小選挙区と異なり、当選するために必要な得票数は極めて少ない。そのため議員としては選挙区の有権者全体に政策を訴えて票を集めるよりも、組織票をしっかり押さえて確実に当選しようという発想になりやすい。自分の地元住民の票を押さえ、あとはできるだけ多くの団体組織と関係を持ちたいと思う。組織の票を獲得する際に必要なのは、前述したが、人柄や御用聞きとしての能力、つまり行政や市長とのつながりをアピールすることであり、政党カラーは必要ない。むしろマイナスに働く可能性もある。地域や組織に属する人の国政選挙での支持政党はまちまちで、支持政党とは異なる党が議員のバックにいることが分かれば投票をためらうことになる。加えて政治アレルギーのある人も相当数おり、この手の人は特定の政党と関係ない候補者のほうに好感を覚えるからである。

また、政党カラーを表に出さなくても、裏で協力しつながるということも大選挙区制ではできないどころか、むしろ同じ政党に属する議員同士は他党の議員以上にライバル関係になってしまう。例えば、大選挙区制では1つの選挙区にA党に近い候補者が何人も立候補する。そうするとこのA党と関係のある候補者たちは、選挙区のA党支持者の票を奪い合う関係になるのだ。A党支持者にしてみれば、政治的立ち位置としては差のない候補者間で何を基準に選ぶのか、「ビジョン」や「政策」では差がつかないため、地元の声を聴いてくれる、つまり陳情のパイプとなってくれるかが基準になり、ひどくなると接待や買収という話に発展する。[11] こうして本来議会では手を携えて協力しなければならないはずの同じ党に近い議員同士が、互いに「縄張りに入ってくるなよ」と睨みを利かし合う関係となり、当然、当選後も同じ党だからといって一致団結する関係を作るのは容易ではなく、会派として緩くつながるだけである。

次に有権者の立場に立てば、「巨」大選挙区制度では、候補者全員の公報に目を通すのもなかなか大変である。日本では、「多い多い、濫立だ」と言われる東京都知事でさえ、候補者は通常20人程度である。地方議員選挙ではそれを大幅に上回る候補者から1人を選ばないといけないのである。[12] 政党カラーを出さない多くの候補者は無難な政策しか掲げないので読んでも面白くないし、比較してもあまり差がない。その上、首長と異なり、議員1人の力では大した政策は実現できないので、その候補者が当選したからといって掲げられた政策が実現するわけでもない。そうなると、40人分の公報を真剣に読んで1人に絞るというのは、労力の割にワクワク感のない行為なのである。結果として、御用聞きとして地元の役に立ってくれそうな候補者や、知人や趣味のグループで勧められた候補者がいれば、「まあ、一票入れてあげようか」という気になる人が一定数出てくることは不思議ではない。

このような経緯で選ばれた議員は、なかなか議会で市長と対立することはできない[13]。なぜなら、他の議員とのつながりが薄いため、数の力で議会を動かし市長に圧を掛けるほどの力はない。前述したが、むしろ選挙制度のせいで、同じ政党と関係がある議員同士といえども選挙の時はライバルなのだ。こうなると、議員同士で連携するより、地元や支持組織に対してした約束を果たすためにも、普段から市長といい関係を築き、市長や行政に陳情を聞いてもらうためのパイプになろうという姿勢になる。専門家から、日本の地方議会は事実上単に首長の決定に対する承認機関の役割しかないと評価される所以である[14]。

さて、こうなってくると横のつながりが希薄な議員たちは、市長選で自分と関係のある党が現職候補に対立候補を立てることにはおよび腰になる。勝てばいいが、万が一にも負けて市長と党の折り合い、ひいては市長と自分の関係が悪くなるのは好ましくないからだ。それよりも市長とのパイプを確保・強化するために、所属政党が強い現職候補に相乗りしてくれたほうが良いという打算が働いてしまう。また、市長選レベル以上になると供託金の金額も選挙運動にかかる費用も高額になるため、対立候補を立てるよりも、安価で無難な勝ち馬に乗りたい気持ちを後押しする。市長や知事自身の政党カラーを出さずに広く票を拾おうとする態度も、国政で対立する党が相乗りしやすい環境を整えていると言えるだろう。もし市長候補者がはっきりと自民党所属と名乗っている場合、そこに立憲民主党が乗っかることは流石に難しい。2023年の愛知県知事選でも、現職の大村候補自体は無所属であり、そこに自民、立憲、国民が乗った。国政では野党共闘に加わった立憲だが、知事選では社民共産の野党共闘の輪に加わらなかった。

このように今の日本の地方議会の多くは、大選挙区制度の結果、同じ党に近い議員同士でも選挙ではライバルなので議会でも団結が弱く、市長に対抗するだけの存在感を示すことができない。その分、現職市長の存在感は大きくなってしまう。結果、選挙で勝てそうにないから相乗る、ますます現職市長は強くなるという悪循環に陥っており、高齢による引退か、大きなミスあるいは不祥事さえなければ現職首長にとって安泰な環境となっている。

当然、与野党が相乗りし、現実的な政権交代をイメージできない選挙に有権者は関心を持てない。政党の国政で対立しながら地方で協力する一貫性の無い態度に白ける人もいるだろう。有権者にとって選挙がつまらない、政治がつまらない、関心が持てない、の悪循環の始まりである。そこで対策として、一つは、現在の同じ政党の候補者同士がライバルになってしまう大選挙区、中選挙区を改め、小選挙区か比例選挙など別の選挙制度にした上で、国政同様、市長を議員の多数派から選ぶという方法がある。しかし、憲法93条2項で住民の直接選挙によって首長を選ぶことが明記されているため、この方法を選択するためには憲法改正が必要だろう。

もう一つの提案は、フランスの地方議会の選挙制度である。フランスでは、市長と議員は一つの選挙で選ばれる。比例選挙の一種といえるが、チームで立候補するのである。一つのチームは候補者のリストを提出する。通常リストの一番上が市長候補で、その後10人前後が副市長候補（それぞれの副市長は、教育、文化など担当がある。日本政府の大臣に相当する）、その後は肩書のない一般の議員候補で構成される。[15] 選挙はここでも2段階選挙である。最初の選挙で過半数を獲得するチームがなければ、得票率10％以上の上位のチームで決選投票を行う。

議席の割り振り方が特徴的なのだが、まず、1回目の投票で過半数を超えたチーム（あるいは2回目の投票で一番獲得票数の多いチーム）に、議会の半分の議席を割り振る。そして残りを選挙結果に応じて比例分配するのである。例えば、総議席数が30議席であれば、1位のチームはまず15議席をもらう。残り15議席はそれぞれのチームの獲得した票に基づいて配分される。つまり、1位だったチームがさらに8議席をもらい、全部で23人の候補者を当選させる。その場合、野党は残り7議席しかもらわない。選挙が終わってから当選した議員が集まり、市長の選挙を行う。当然過半数を握る1位のチームのリストの先頭の候補者が市長になる。

結果として、常にはっきりした与党が必ず登場する。また、予め提示された一つのチームで政権の座につき、チームは実際に公約通り政権運営することになる（公約を実現するなんて当たり前、と思うかもしれないが、日本の地方議員の場合、当選しても公約はほとんどの場合絵に描いた餅である）。ビジョンを共有し議員として政治に積極的に関わってもよいという人間を20〜30人近く集めることは簡単ではないので、実際には小さい自治体で3〜4チーム、大きな自治体で6〜7程度のチームが立候補する。

日本の首長選挙のように対立候補が立たず有権者として票を投じることさえできないという無力感や、地方議会のように当選しても実現される可能性の低い公約を何十人分も見なければならないといった徒労感はない。有権者は、確実に実現されることになるそれぞれのチームの公約をじっくり比較し、現実味のある一票を投じることができる。その上、フランスの場合は、それぞれのリストでは、男女を交互にすることが義務付けられている。未だに当選しにくい女性も、確実に議員になれる制度である。この制度の下では、リストに名前を連ねる者の人数はかなりになるので、家族や知り合いが候補になることは珍しくない。そのため政治を身近なモノとして感じながら、同時に市政全体のビジョンを考える訓練ができるのである（2014年のこの選挙の投票率は1回目63％だった。2020年の時に44％まで落ちたが、投票率の低さの原因はコロナ流行だった）。

ただ、このような議席の分配に対しては、第一党による独裁になるのでは、という心配があるかもしれない。確かに、市長を輩出する第一党が半分以上の議席を獲得することが制度上保証されているので、議決によって第一党が提出する予算案や条例案が否決されることは、造反がない限りまず起こりえないということになる。しかし、今の日本の制度のもとでも、市長や知事の議案は99%が可決されているのである、それも無修正で。[16] つまり、日本においても、いったん議案として提出された市長や知事からの提案は、まず止めることができていないのだ。

議案がまず否決されない点は同じだとしても、日本とフランスの制度には大きな違いがある。議会に提出されるまでの過程である。フランスの場合、権力は第一党という合議体にあるといっていい。チームのでき方は色々であるが、もともと似た考えで気の合う仲間がチームを作るということもあるだろうが、市長を目指す一人の候補が、他のメンバーを口説いてチームに入ってもらうというケースが珍しくないようである。「自分は経済には詳しいが、教育には詳しくないので○○さん私のチームに入ってくれないですか」、「医療には詳しくないので△△さん私のチームに入ってくれませんか」と言ってチームを作るのである。[17]

このようにして出来たチームで一つの選挙を戦うため、同じチーム内の市長と他の副市長や議員は比較的対等な関係といえ、当選後も市長が他のメンバーに断りなく単独で政策を決定することはまずありえない。日本の総理大臣と大臣の関係よりもむしろ対等な関係にあるといえるだろう。市長以外の議員同士も選挙を通じてつながりが出来ているので、いざという時に歩調を合わせやすい。

議会で否決されることがまずないという点で、一見、日本とフランスの議会は共通しているが、フランスでは政策決定の段階が合議体であり、一人の人間に権力が集中しにくいという点で暴走を抑制する仕組みになっている。また、日本なら市長派と言いながら市長を諫めるどころか政策決定からも蚊帳の外だった多くの議員が、この選挙制度を導入すれば政策作成過程に堂々と参加できる。その上、議員が専門分野を持ち寄れるので、市長や知事の負担が軽減されるというメリットもある。

メリットは市長派議員の有効活用だけではない。フランスの制度の場合、小選挙区制で一つのチームを選ぶので、多くの有権者にとって魅力的な市全体の政策を掲げなければ勝てない。つまり、チームで出馬する制度を導入することは、日本の地方議会の、各候補者が全体の利益より地元を優先する、「陳情政治」という側面にも大きな変化をもたらすきっかけになると思われる。

そしてもちろん、チーム制では共通の公約を一緒に練り上げなければならないため、国政で対立する政党が一つのチームとして選挙を戦うことは考えにくく、相乗り現象が消えると思われる。また、投票で敗れたチームの議員は政策決定に参加できない反面、首長に忖度することなく有権者に代わって政権の政策を監視し分析批判し、野党の役割を存分に果たすことになる。

5　固くてつまらない政治への接し方を変える

この本の趣旨は、「民主主義がうまく機能するためには、有権者が政治に関心を持たなくてはならない。しかし、関心とは『持て』と強要されて持てるものではない。自発的に関心が高まるためには、政治が面白くなくてはならない。日本の民主主義がうまく機能するためには、政治を面白くしなければならない」というものだ。日本の民主主義がうまく機能するためには、まさに日本政治が面白くないからだ。ここまで論じてきた、選挙制度や選挙運動の形、内閣・地方議会のあり方への改善策は、日本政治の「質」を向上させ面白くしようというものだ。ここからは、面白いは面白いでも、笑える面白さ、ドキドキする面白さをもっと政治に持ち込むことを提案する。

「政治に関心を持つことは有権者として当然の義務であり、娯楽ではないのだから笑いやドキドキで関心を引こうとは軽薄だ」と考える人もいるかもしれない。しかし、政治に関心を持つことは、私たちの社会が直面する問題に向き合うということだ。社会問題は時に深刻で、現状を知れば問題の大きさに途方にくれたり、未来に不安を感じるようになったりと、それ自体必ずしも楽しい作業ではない。多くの日本人が、大人として無責任であるという罪悪感を漠然と持ちながらも、なにかしら言い訳を並べて政治から目を逸らし人任せにしてしまうのは、ある意味自然なことかもしれない。

フランスでも、社会問題を直視することは有権者にとって楽しくないことのはずである。しかし、前述の通り、大統領選の決選投票に残った2人の候補者で行われる決選投票前のテレビ討論「グラン・デバ Grand débat（大ディベート）」は、様々な論点についての一騎打ちで3時間近くに及ぶが、高視聴率となる。そして、このグラン・デバに限らず、普段からテレビやラジオのゴールデンタイムに定期的に政治討論番組が組まれている。つまり、有権者は義務として政治討論番組を見ているわけではなく、政治は他のゴールデンタイムを飾るスポーツやお笑いと同じく、一つの人気ジャンルとして定着しているのだ。ニュースを挟みながら、一日中政治を中心とした討論番組を流す専門チャンネルも複数ある。普段から政治討論番組を楽しんでいるフランス人にとって、グラン・デバは、普段サッカー観戦をしているサッカーファンがワールドカップの決勝を見るようなものかもしれない。そう考えるとグラン・デバ当日の、執筆者Tのワクワクしながら夜を待つ様子も納得がいくのである。決選投票には執筆者Tの支持する候補は残っていなかったので「支持しない候補者2人のデバを楽しみにする気が知れないよ」と思ったのだが、本当のサッカーファンが、自国が敗退してもワールドカップ決勝を見るような感覚なのだろう。

翻って日本の現状を見てみると、定期的に行われる純粋な政治討論番組は、NHKの日曜討論ぐらいしかない。しかし、日曜の朝9時という時間帯からも分かるように、人気がある番組とはいえない。日本で政治討論がゴールデンタイムを飾る人気番組となれない理由は、面白くないと考えられているからだろう。その原因はフランスの討論番組と比較すると見えてくる。

日本では討論番組と言いながら、実は徹底的な討論をさせていない。つまりフランスの討論番組が持つスポーツ的面白さがそこにはないのである。そもそも日本の討論会では、司会者からの質問に各政党の議員が答えるだけで、議員同士を直接討論させないことは珍しくない。また討論になっても、エキサイトしてきたら司会者が割って入り、時間切れを理由に論点を変えてしまうことも多い。想像して欲しい、ボクシングの試合で、激しい打ち合いになりそうになる度に審判が割って入ってくれば、観ているほうはつまらないだろう。討論番組なら司会者に求められるのは、議論に水を差すことではなく、むしろ論点をずらして逃げるような論者に対して、柔道で審判が逃げてばかりの選手に指導を出すように、真摯に反論するように促し討論を活性化することのはずだ。フランスの討論番組に慣れている執筆者Tにとって、日本の政治討論番組は、選手のスパーリングだけ見せられて徹底した打ち合いのないボクシングの試合のようであり、面白くないのは当たり前だと思うのである。

このように言うと「『日本人は和を以て貴しとなす』というように、文化的に対立を避ける傾向があるから」という文化論によってディベートが日本になじまないことを説明しようとする人がいる。確かに、現在の日本人が、事を荒立てたり、面と向かって他人の意見を批判したりすることを避ける傾向があるのは事実かもしれない。同調圧力に屈することに疑問や抵抗を感じない人の割合は、欧米と比べて間違いなく多いと思われる。実際、政治以外のテーマについての対談番組でも、同じような立場の有識者2人が呼ばれて互いの理論や意見を補い合うようなケースの方が、意見の対立する2人が呼ばれるよりも多いと感じる。

しかし、この傾向はそれほど絶対的なものではないと私たちは考えている。特に、自分自身が公の場で誰かと対立することには躊躇を感じることと、他人の対立を興味深く見ることは別次元の話だからだ。というのは、日本でも党首討論が導入された時は、好意的に受け入れられ多くの人は楽しんでいるようだった。対立を見たくない人が大半であれば、あのように盛り上がらなかったはずである。[18]

また、対立を好まないという割には、日本は世界で最も格闘技の充実した国であり、やるかやられるかの一対一の対決になじみの深い国である。伝統の世界に限らず、異種格闘技戦「K−1」に始まり、最近若者に人気のラップバトルも明らかに対決姿勢の競技である。相手を挑発し、その弱点を容赦なく攻める競技である。この後扱う「お笑い」にしても、M−1として本来戦わせる必要のないものまで、わざわざ対決型の生き残り形式にして楽しんでいる。一対一の対戦型のカラオケ番組にしてもそうだ。フランスではわざわざお笑いや歌を対決させたりはしない。日本は決して、「人が戦って負けるのを見ていられない！　楽しめない！」というような人が大多数のナイーブな社会ではないのである。まして、格闘技と異なり討論なら徹底的にやられても命にかかわるようなことはない（政治家としての生命は危機に立たされるかもしれないが！）。政治討論番組も、「S−1バトル」とタイトルをつけて現役議員を徹底的に議論で闘わせるスタイルにすれば、間違いなく視聴者（有権者）は楽しむだろう。[19]

次に、政治に楽しく接すると言えば、当然お笑いの分野でも政治ネタをもっと積極的に取り上げるべきだろう。他の分野の要素を取り入れて面白くするということは政治以外の分野では普通に見られる。先ほど述べたM-1などは、お笑いの分野にスポーツの要素を取り入れて笑いにドキドキ感を持ち込んでいる。逆に、スポーツでも解説にそのスポーツに精通したお笑い芸人を起用することで魅力を増している。サッカー等はその典型だろう。例えば、サッカーワールドカップ前、若者に人気のアメトークでサッカー好きの芸人が集まり、日本代表のスタメンを予想したり、一押しの選手の魅力を芸人たちが力説したりしていた。個人的なエピソードだが執筆者Yは、たまたまその番組を観た。過去に本気でインターハイを目指していた等、サッカーに本気の一面を持つ芸人たちの解説は笑いを交えながらも熱が入っており、見終わった後は、今回の日本代表の持ち味がある程度理解でき、これまでになく日本戦を楽しむことができたのである。裏を返すと、知識ができた分、監督の采配に対しても厳しくなり、「このタイミングで交代はない！」等と画面の前で叫んで、子供たちに「にわかのくせにそこまで言う?」と笑われてしまった。

同じことを政治でやれば、ぐっと政治が身近になるはずだ。選挙前に、争点ごとに関心のあるタレントを集めて、各党の政策を批評し合うのだ。例えば、少子化対策については、子育て中、子供を持つか考え中の芸人が集まって、これまでの政策の総括に加え、各政党の政策を比

フランスの政治風刺週刊新聞

較し、推しの政策、疑問に思う政策について徹底的にトークすればどうだろう。番組の翌日、「昨日の見た？」と、政治の話題が自然と会話にのぼることもイメージできるのではないだろうか。

フランスでは、様々な笑いを通じて政治に触れることができる。普通の日刊紙でも、日本では政治風刺漫画は一日ひとつだが、フランスは3つ。既に紹介した「シャルリー・エブド」の他にも、長い歴史を持つ政治風刺専門の新聞がある。「カナール・アンシェネ（Le Canard enchaîné：鎖で縛られた鴨）[20]」という週刊新聞も政治風刺漫画が満載されている。シャルリー・エブドほど漫画の口調はきつくないので昔から幅広く読まれている。この8ページの国民的週刊新聞、1・5ユーロ（2021年）約220円と決して安いものではないが、この活字離れの時代に広告を掲載せず購読料だけで経営が成り立っていることからも、その人気のほどがうかがえる。執筆者Yも風刺漫画新聞を笑いながら読んでいる執筆者Tを見ると、「何？　そんなに面白いこと書いてあるの？」と思わず聞いてしまうのだから、フランスの子供たちが大人たちの笑う様子を見ながら、「『政治＝笑える話題』なんだ」と自然と親しみ始めることは想像に難くない。

また、政治及び社会問題を笑いのネタにしているお笑い芸人、ものまね師も山ほどいる。もちろん常に大統領は一番のターゲットで、現在エマニュエル・マクロンには、そっくりのものまね師「ミクロン」がいる。政治・社会風刺専門のテレビ（Groland/Les Guignols de l'info）・ラジオ番組も多く存在している。政治風刺というより、社会風刺の「Groland（グロランド）」は、スマホ依存や過剰なコロナ対策を徹底的に笑いの標的にしていた。これを見た人たちは大笑いした後で、「自分も案外行き過ぎたところがあるかも」と自分の態度を振り返るのである。執筆者Tがインターネットを通じて毎日のように聞くラジオ番組の、ものまね師による時事・政治話題風刺ショーのコーナーでは、新型コロナウイルスの危機でさえネタにされていた。

司会者　……この統計によるとフランス人は外出禁止令を遵守していませんね、更に、今度はバカンスに出掛けたいといっていますが。このことについて大統領は、どのようにお考えですか？

マクロン（物真似師）　いいかげんにしてください！　あなたたちフランス人はじっとしていら

れないのですか⁉　私はミッテラン[21]になることを夢見て大統領になったのに、これじゃあ羊どもが逃げないように吠えて追い立てる牧羊犬ですよ！

この馬鹿野郎どもはなぜバカンスに行きたがるのでしょうかね？　何にもしない日が既に3週間もあったというのに！　これは3週間ハンガーストライキをした人間が「それじゃあこれから追加でダイエットしようかな～」って言っているのと同じですよ。[22]

（フランス人のバカンス好きを皮肉ったこのジョークはフランスで大いに受けていたのだが、私たちの周囲の日本人にはピンとこないようだった）

笑いに関してフランス社会においては、政治家の発言同様、明らかな人種・性差別等以外タブーが基本的に存在しておらず、広く政治・社会問題を扱う。このような番組の風刺は、ただ人を笑わせるだけのように見えるが、「笑いを通じて、避けて通りたくなるような政治・時事問題に国民の目を向けさせ、考えさせる」ということがもう一つの大きな狙いである。

それに比べて日本人の政治への接し方はまじめで固すぎる。[23]確かに、政治の分野に限らず日本の人間関係は固く、日常の中でユーモアが少ないと感じる。ジョークを言う人、場所、時間は限定されている。執筆者T自身、日常でちょこちょこジョークを言い、話し相手の日本人をからかうことがあるが、多くの日本人はジョークを言われることに慣れていないため、真顔で返事をする人は珍しくない。「ジョークですよ」「なーんだ、びっくりした！」と反応されることが多い。特に仕事や政治は真面目に取り組まなければならない分野と思われており、仕事中にジョークを言ったり、シリアスな政治問題を風刺ネタにしたりすると、「ふざけている」とか「不謹慎」と思う人たちが結構いる。

例えば、フランスの前述の「グロランド（でぶっちょの国）」という社会風刺番組ではコロナでの死亡者数報道が笑いのネタになっていた。テレビで今日のコロナ死亡者数が報道されると、テレビを見ていた男性が「やったー！　当たったぞ！」と、こぶしを振り上げてソファーから飛び起きる。男性の手には宝くじが握られている。架空の国、グロランドでは毎日報道される死亡者数を利用して宝くじをやっているという落ちである。日本でも毎日今日の死亡者数が新聞やニュースのトップで流されていたので、同じようなジョークを思いついた芸人がいても不思議はない。効果が疑問視される対策や矛盾している対策、過剰な報道等、笑いのネタになりそうなことは山ほどあったはずだが、「人の死に関わることをジョークにするなんて不謹慎だ」というクレームがくるためだろう、地上波や新聞でこの手のジョークを見ることはなかった。

死亡者数という悲しい数字で宝くじをやるという不謹慎な態度を笑う、というのは表面的な理解だ。このジョークの本質は、死亡者数という数字に毎日一喜一憂している自分たち自身の態度を笑うことだろう。「今日は減った！」と数字を見て喜ぶことも、人の死を表す数字で喜んでいることに変わりはない。数字に振り回されているのではないか、と疑問を持つきっかけと、そのことについて人と会話するきっかけをこのジョークは与えてくれる。突然、死亡者数報道の在り方について話し始めるよりも、「昨日のグロランド見た？　あの態度、他人事じゃないかも……」という方がずっと話しやすいだろう。

というのも、マスクに代表されるコロナ対策は日本ではかなりの長期に渡った。その弊害、特に子供たちへの悪影響については最近ようやく目が向けられるようになったが、当時は新聞等で指摘する有識者が多少いたものの、多くの人は過剰な対策に異を唱えることはなく声を潜めて隣をうかがい、政府の判断を待つのみだった。政府は政府で「国民の間から『そろそろやめてもいいのでは』という声が大きくならないうちに対策を緩めると批判されるかも」と及び腰の時期が長く続いた。私たちの周りでも政府からの解禁令が出るまでマスク率はほぼ100%だったが、知り合いと2人きりになるチャンスに「本当にマスクは必要だと思って着けている？」と聞くと、「外で歩いているときに着けるのなんて意味ないって分かっているけど、ちゃんとした人と見られたいから、周りが外すまではね」という返事をする人は少なくなかった。子供たちへの弊害等を考えるといつまでこれを続けるのか、もっと早い段階から社会全体で話題にしなければならないテーマのはずだったが、マスク着用に疑問を持つこと自体「非常識な人」という雰囲気があった。こういう時、タブーを作らず何事もネタにする「笑い」の存在の大きさが分かる。

重たいテーマに笑いを持ち込むことを不謹慎だと考える社会風潮を変え、重たいテーマだからこそ笑いの対象にすることによってとっつきやすくなれば、社会問題・政治への関心も間違いなく増すはずだ。実は、その日本でも２０１９年の参議院選挙の前に、若者の投票率を向上するために、アメリカのキャンペーン動画を真似て「若者よ、選挙に行くな！」という動画がネット上ではあるが流された。[24]

その動画は、老人たちの「今は平和だし、選挙なんて面倒でしょ、あなたたち若者は選挙に行かなくていいよ」という趣旨の言葉で始まる。その後「私たちは、年金は貰えているし、環境問題も未来の話で私たちには関係ない」といった老人中心の勝手な政治意見をまくし立てる。その上で、ネット上で不満を呟く若者の政治行動に対して「そんなことでは政治は動かない、政治を動かすのは選挙だ、選挙に行かないあなたたち若者は政治的には存在していないんだよ」と鼻で笑った上で、「私たち老人は選挙に行く、社会を動かすのは私たち老人なのだ。君たち若者はこれまで通り選挙に行くな！」という内容で締めくくる。ストレートに選挙に行きましょうとお願いするのではなく、行かない若者を自己中な老人目線で皮肉るとてもよくできたブラックユーモアだ。

しかし、残念ながらその後に行われた参議院選挙では10代の投票率は14ポイント下がり、たったの32%だった。20代の投票率も5ポイントほど下がり、31%だった。日本では珍しくよくできたメッセージ性のある政治ユーモア動画だったが、選挙行動には影響がなかったといえるだろう。そもそもその動画を見た若者はそれほど多くなかった（２０２０年4月26日時点、動画再生回数は47万回程度）。日本の若者は政治や社会問題に関心が低く、年金や環境にまつわる皮肉をそもそも理解できない人も多かったかもしれない。

現時点では、笑いの中に政治を持ち込もうとする日本の芸能人はわずかしかいない。芸能人にとってテレビ番組やＣＭへの出演は人気のバロメーターであり大事な稼ぎどころなので、スポンサーが嫌がるような発言を避けることは芸能人の常識となっている。[25] 第3章4でも述べたが、芸能人の政治的な発言に対して視聴者に反感を持たれてしまうと、番組中報道されている商品の売上が減るおそれがあるため、スポンサーは「政治カラー」のついた芸能人を敬遠する。[26] そのような現状で、「政治・社会批判を笑いのネタにしない」という常識を大きく破ったのは前述のウーマンラッシュアワーの村本だった。彼はゴールデンタイムの漫才の中で強烈な社会・政治・日本人風刺を入れた。芸能人としてはその姿勢があまりにも珍しいので一時期話題になったが、今はテレビから干された状態になってしまっている。[27]

笑いの感覚は文化的なものなので、「先生」と呼ばれ尊敬の対象である政治家や、多くの人の生活が関わる政策を笑いの対象にし、また自分自身が皮肉の対象となって「笑われる」ことに日本国民は慣れることができるだろうか、と思う人もいるかもしれない。確かに、日本のお笑いを見ると、多くの場合お笑い芸人（その中でも特にボケ役という弱い立場）が笑われ役を一手に担っている。そのため観客（一般人）自身は笑われる（馬鹿にされる）ということにあまり慣れていない。慣れていない若者の中には、前述の「若者よ、選挙に行くな！」の動画を見て自分たち若者の行動を客観視して笑うよりも、「何だ、この自己中で不愉快な老人たちは！」と、イラっとした人も多かったかもしれない。しかし、日本人にも様々なタイプがいて、笑いを通じて権力や強者を批判することを好む日本人や、自分が笑いの対象になっても冷静に受け止められる日本人も存在する。このことはテレビでは見ることのできなくなった村本だが、連日のように全国で独演会が開かれていることからも分かる。同様に文化や国民性は意識的に変えられるということも忘れず、政治に笑いをどんどん取り込んでいくべきだ。[28]

それでも「あらゆるものを笑いの対象にし、日常で意見を対立させて議論するなんてことは『和を尊ぶ』という理想と相いれないのでは」と思う人もいるかもしれないが、「和を尊ぶ」ことが「公での批判や対立を避ける」ことであれば、日本が民主主義国家を選択した以上、この理想については真剣に考えてみる必要がある。対立があることを隠し、政治や政策・社会への批判を遠慮していては、健全な民主主義は育たないからだ。「和を尊ぶ」ということが表面的に波風立てずにいるだけのことであれば、民主主義を犠牲にしてまで固執するほどのことではあるまい。むしろ、ここから解放されて、多くの人が公で冷静に批判や反論できるようになることは、日本社会における民主主義の成熟を促すと同時に、副産物として、これまで公で波風立てないことのガス抜きとしての役割を果たしてきた陰口や匿名での陰湿な中傷が減り、もっと健康的な国民性を育てることができるかもしれない。意見をどんなに戦わせても、ののしり合いや暴力へと発展させず、互いを社会の一員として尊重することができることこそ「和を尊ぶ」ということだと考えるべきではないだろうか。それは日本に限定されない、普遍化すべき価値といえるだろう。

［注］

1 『目で見る投票率』（総務省選挙部、令和4年3月）を参照。

2 これまでも世襲候補とそうでない候補との間の不公平を問題視し、世襲候補を禁止・制限するべきだという意見は聞かれた。しかし、世襲であるがゆえに立候補を制限することは世襲候補の人権を侵害することになる。問題の本質は、なぜ日本ではこれほど世襲議員が多いのか、ということに注目しなければならない。供託金の高さ、短い選挙期間といった公職選挙法の非民主主義的な規制が世襲議員を量産しているのである。この制度は単に世襲候補だけでなく、既に名前が周知されている現職議員にとっても非常に有利に働くため、日本では多選の議員の割合も高く、議員の高齢化は目を見張るものがある。世襲議員を規制しなくとも、本書の提案する公職選挙法の改正を実行すれば、世襲議員であっても、高齢であっても、有能な議員は残るし、そうでない議員は消えるだろう。

3 「Législatives : quels partis vont bénéficier des financements de l'Etat ?」Le Monde (on line)、2017年6月18日（2023年11月12日アクセス）。

4 「女性議員、最多に　新顔、全議員の3分の1　総選挙」、朝日新聞、2009年8月31日夕刊。

5 田中真紀子による外務省「伏魔殿」発言。小泉内閣で外務大臣として外務省改革に乗り出した田中真紀子だが、外務省事務方の抵抗にあい更迭されることになった（2002年1月）。

6 一度抜けてしまうと、官僚機構の中での出世に影響があるため、大臣のブレインとなることを躊躇するのではないかと思うかもしれない。しかし、フランスでは日本よりもずっと政治主導が徹底しているため、その当然の結果として、官僚機構に大きな政策決定の権限はない。つまり、官僚機構に残り続けてトップに上り詰めたところで、日本の官僚のように、政治家を腹話術の人形のように操れる程の権力を味わうことはできない。そのため、能力を活かして政策決定に関わりたい人間は、官僚機構をいったん抜けて政治家のブレインになる。そのまま政治家に転身するケースもあり、マクロンはそれだ。

7 中日新聞、２０２３年9月14日「(…) 岸田文雄首相は来年の自民党総裁選での再選に向け、各派閥の『入閣待機組』の登用で党内バランスに配慮した顔ぶれに。」

中日新聞、２０２３年11月14日「(…) 副大臣・政務官人事は自民党各派閥の推薦を、首相がそのまま受け入れる『派閥順送り』が実態であり、(…)「適材適所」という首相の言葉など、誰も信じまい。」

8 村木厚子、『公務員という仕事』、筑摩書房、２０２０年。

9 フランスでは下院(国民議会)は、大統領ではなく政府(首相)に対する不信任決議権がある。

10 日本には１７１８の市町村が存在しており、そのうち20が政令指定都市だ。政令指定都市の議会選挙は中選挙区(複数の選挙区が存在し、それぞれの選挙区の定数は2人以上)だが、残りの市町村の議会選挙は大選挙区(自治体全体が一つの大きな選挙区となる)だ。ちなみに政令指定都市に住む人は全人口の22%(令和2年国勢調査)である。

11 政治にカネが掛かる、政治は汚い、というイメージがあるが、政治にカネが掛かりやすい、政治が汚れやすい選挙制度を日本は選択しているのである。最近の大型買収事件の河井事件は参議院選だったが、この参議院選も中選挙区制を取っており、同じ党の議員同士での泥沼の争いが汚職事件の背景にある。もちろん、全ての党が汚職に手を染めるわけではなく、汚職事件の多い党とそうでない党があり、その党の体質というものも大いに関係しているだろう。しかし、その体質を助長する選挙制度であることは間違いない。

12　例えば、三重県津市の場合は2022年1月の市議会議員選挙の時に候補者は43人であった。

13　共産党議員は市長選で対抗馬を立てるため、議会でも堂々と対立する。

14　岡田浩、松田憲忠、『現代日本の政治——政治過程の理論と実際』、ミネルヴァ書房、2009年、123頁。

15　フランスでは、通常リストの一番目が市長になるが絶対というわけではない。この点、日本でこの制度を採り入れるなら、一番目を市長候補として義務付ければ良いだろう。なぜなら住民が直接選挙で首長と議員を選ぶという憲法の趣旨に沿うためだ。憲法93条2項では、住民が市長と議員を「直接」選ぶことは求められているが、首長と議員を別々の選挙で選ばなくてはならないとは書かれていない。

16　岡田浩、松田憲忠、『現代日本の政治——政治過程の理論と実際』、前掲（2007年に実施された調査の結果により）。

17　自民党の総裁選もそれぞれの候補が誰を入閣させるかを明らかにしたうえで行えば、もっと面白いのではないか。

18　党首討論が開かれなくなったのには、二つの側面があるだろう。的を射ない質問や、時間稼ぎのだらだらした返答やトートロジーが野放しになり討論としての質が確保できず人気が低下したことと、単純にディベートの能力に欠ける総理大臣にとって官僚に頼らず答弁することは負担が大きく、有権者からの注目度が下がったことに便乗して開かなくなったのだろう。

19　「『TVタックル』があるじゃないか」と思う人もいるかもしれないが、この番組も、ゴールデンタイムから日曜のお昼に移ってしまった。フランスでの政治討論番組といえば、基本は司会者と現職の政治家同士の討論である。「TVタックル」は論者の大半は現役の議員ではなく、評論家や元議員が半数以上で現職議員同士の討論の場面はごく限られている。また、人数が多いためそれぞれが勝手に持論を展開する場面も多く、対決というよりも毎回プロレスの乱闘といった感じだった。そのため議論の優劣がうやむやで討論番組という視点からは面白みに欠けた。ゴールデンタイムに政治の話題を持ち込んだことは目新しかったが、討論番組として成熟できなかったことがゴールデンタイムから消えた一つの原因ではないだろうか。プロレスでたまに乱闘を見るのは楽しいが、毎回乱闘だと飽きてしまうだろう。

20 フランスの俗語で「鴨」は「新聞」という意味を持つ。

21 ミッテランはマクロンが憧れている歴代大統領の一人。

22 Europe1、2020年4月6日に放送。

23 2015年から2016年までデモ等を通じて安倍政権の政策に抵抗して活動していた学生運動の「自由と民主主義のための学生緊急行動」いわゆるSEALDs（シールズ）は政治への接し方を変えようとした。乗りの良い音楽を交えて「政治活動は格好良い」という評価を得て一時的に注目を浴びた。しかしながら2016年8月にSEALDsが解散して以降、そういう普段政治に関心がない若者までを巻き込むタイプの政治活動を見なくなった。

24 https://www.youtube.com/watch?v=GLbc9in9zeY（YouTubeたかまつななチャンネル）を参照。

25 実はフランスでは、売れている芸能人がCMに出ることは恥ずかしいことだという感覚がある。CMはお金のための仕事であり、「芸」だけで食べていける有名芸能人がCMで追加のお金を稼ぐことは「卑しいなあ」と見られるのだ。

26 「芸能人　政治的発言はNG?」、朝日新聞、2019年7月24日を参照。

27 「村本大輔はなぜテレビから消えたのか?」BS12、2021年3月19日放送。

28 意識的に文化を変えることが可能だと実感させてくれるのはスポーツの分野だ。もちろん今でも根性主義を基本とする部活も沢山ある。しかし、選手の自主性やスポーツの楽しさを中心に置こうとする指導者も増えつつある。そのようなチームの中で「Enjoy Baseball」を部訓とし、脱丸刈りで2023年夏に優勝した慶應義塾高校など結果を出すチームもでてきており、この変化は加速するのではないだろうか。このスポーツ文化の変化は知らない間に何となく起こったことではなく、「スポーツはどうあるべきか、どうスポーツと向き合いたいか」を指導者と選手が真剣に考えたうえで日本のスポーツ文化を意識的に変えようと行動した結果だろう。

おわりに

現在、パーティー券裏金問題を受けて政治維新に政府が取り組むと言い、政治資金規正法改正が議論されている。抜け穴だらけと言われるこの法律を改正し金の流れを透明にすることは大事なことだろう。しかし、この本を読んだ人は、政治資金規正法を厳しくするだけでは、今の日本の政治が抱える問題の本質的な解決には繋がらないということが分かるだろう。そもそもこれだけの汚職があっても、それでも抜け穴を残した改正がなされる可能性は高い。

フランスなら中途半端な改正では政権交代が起こることは確実なので、政府は慌てて厳しい改正を行うだろうが、それでも有権者を納得させられず政権交代が起こる可能性が高い。なぜなら政権交代をにらんで野党の新人候補者たちが好機を逃さず、全国の選挙区で次期選挙に向けてキャンペーンを開始するからだ。普段なら選挙に行かないような人たちも今回ばかりは選挙に行くかという気になる。同時に芸人たちは裏金問題を面白おかしくバンバン取り上げ、それが有権者の汚職問題への関心維持の援護射撃として機能する。

しかし、日本で与党が野党の要求を全面的に受け入れず、中途半端な改正しか行わなかった場合どうなるだろうか。

日本では候補予定者たちは選挙期間までは公の場で立候補を表明し広く選挙での支持を訴えることは禁止され、この好機を利用できない。もちろんテレビで政治ネタを扱う芸人は限られる。野党にできる一番のことは、現役の議員が国会でしつこく責任追及して有権者の関心をつなぎ留めることぐらいであるが、それもあまり長く続ければ国会を停滞させていると野党への批判に繋がるおそれさえある。

いざ選挙となっても、全国の小選挙区のほとんどで独自候補を立てることができる野党がどれだけあるだろうか。もし、全ての選挙区（285区）から候補者を出そうと思えば、供託金8億5500万円を捻出しなければならない。[1]それだけの資金力がある野党は現在、立憲民主党ぐらいだろう。フランスなら、れいわ新選組規模の小政党でも、クリーンな政治を旗印に企業献金禁止といった抜本的改革を公約にして無党派層を動かし一気に議席数を増やすということは十分にあり得る。しかし、日本ではパーティー券等とは無縁の若者たちが「企業献金禁止の公約いいね」と思っても、供託金のせいで特に地方の選挙区では「あれ、私の選挙区にはこの党の公認候補がいないんだ」ということになる。何とか候補を立てたら立てたで、二段階制選挙ではない日本の選挙制度では野党共闘のハードルが与党の利に働く。結果として、これだけの不正が組織的に行われていても、日本の公職選挙法という制度的障害と政治をタブー視する文化の下では、抜け穴だらけの法改正と与党が議席数を多少減らすに留まり、政権交代が起こらない可能性が高い。

与党もそのことをよく分かっているから、派閥の幹部も有権者の目を気にして潔く自発的に責任を取るようなことはしないのではないだろうか。「組織票さえしっかり固めておけば次の選挙に勝てるのだから、わざわざ浮動票へのイメージ戦略としてけじめをつける必要はない。むしろ、辞任などして政治家としての地位を手放せば、地位に寄ってきている組織が離れていくおそれがある」。悲しいが政治家で居続けることを最大の優先事項とする職業政治家としては、正しい判断である。

この日本の現状を変えるには、有権者が政治に関心を持ち続けることであるが、そのためには公職選挙法の大幅な改正と、政治を日常に取り込む文化の変化が必要不可欠なのである。

気が遠くなるかもしれないが、フランスでも旧体制（アンシャンレジーム）から共和制に移行した時は、民主主義は簡単には根付かなかった。帝政や王政と共和制を行ったり来たりしながら、100年かけて共和政は定着した。フランス人作家エミール・ゾラは小説『パリの胃袋』（1873年）の中で、「政治とは、大衆と関係のないものであり、まっとうな人間が近寄るようなものではない。まっとうな人間は、世間から後ろ指を刺されないように、慎重にふるまい、自らと家族の利益だけを考えていればいいのだ」と考え行動する当時（1850年代）の大衆の様子を描いている。ゾラはそんな大衆たちを、主人公の友人クロードの口を借りて小説の最後で「まっとうな奴らというのは、なんて悪党なんだ！」と批判している。[2] 現在、フランスの大衆は自分の政治的立ち位置を明らかにすることをためらわない。誰かが食卓で政治について持論を展開しても白い目で見られることはないし、むしろ周りも「私も一言……」となる。

日本の不幸なところは、江戸時代以降、大正デモクラシーが起こり民主主義は順調に成長しつつあったが、軍国主義時代で振り出しに戻ってしまったことだ。しかし終戦（1945年）を新しい出発地点と考えれば、今82年目だ。未だ道半ばであることは決しておかしなことではないし、諦める必要はない。この本を書こうと考えたのは5年前だが、その時と比べても、前述（第4章注28、参照）のスポーツの分野では、根性主義から自発性、自主性、楽しい、ワクワクを基調にする新しい文化が根付きつつある。昨今の不登校児童の増加も、理不尽な学校規則や周りと同調することにストレスを感じる子供たちが増加しているのではないだろうか。この背景には、無批判に従うことに抵抗を感じる批判精神の成長があるのかもしれないと考えれば、暗い側面だけではないだろう。地上波のテレビは相変わらずだが、ネット上ではAbemaTVなど討論番組を多く扱うチャンネルもでてきている。間違いなく文化面では変化の兆しが見られる。

そう考えると、公職選挙法という制度面の隠れたブレーキを取り除きさえすれば、日本の民主主義は一気に加速し開花する可能性が十分にある。

［注］

1　前述したが、現フランス大統領のマクロンはまさに最有力候補のフィヨンが汚職で失墜した機会をとらえて大統領になった。大統領選に出馬を表明してから党を立ち上げたにもかかわらず、大統領選後の下院選で全選挙区に候補を立てて国会で多数派を握った。日本のように、得票率が10％を超えないと供託金が無駄になるなんていう馬鹿げた心配が候補者の足を引っ張ることはない。

2 エミール・ゾラ、朝比奈弘治訳、『パリの胃袋』ゾラ・セレクション（第2巻）、藤原書店、2003年、433頁。

あとがき

去年（2024年）の春にこの原稿を書き終えたあと、7月7日に東京都知事選、10月27日衆議院議員選、11月17日に兵庫県知事選が行われた。これらの選挙に対するこの本の視点からの分析を、あとがきに代えたい。

都知事選は、過去最高の56人が立候補した。この本の、「濫立は選挙結果に大きな影響を与えない」「高額な供託金は濫立防止の役に立たず、むしろ濫立を助長している」という二つの主張が改めて証明されたと思う。まず、濫立のせいで有権者が混乱したり、選挙結果に大きな影響を与えたりすることはなかった（問題があったとすれば、掲示板のスペースが足りなかったぐらいか）。次に、本文では、高額な供託金は立候補者を「高いお金を払ったのだから、都政と大して関係ないことでも訴えてよい」という気持ちにさせている、と指摘した。今回の選挙では更に進んで、被選挙権（立候補の権利）は、大枚をはたいて購入した商品扱いとなり、「購入した商品（ポスター掲示権など）を転売して儲けて何が悪い」という発想にまで来てしまった。

兵庫県知事選の〝二馬力選挙運動〟も、選挙の平等性を考えれば、あり得ない非常識な行為だ。しかし、なぜこのような非常識な行為が日本で現れたのか？　大きな要因は、日本の公職選挙法自体が非常識だからだ。長年、非常識な法律を温存強化し、政治への新規参入に不公平なハードルを設けながら、新参者の候補者に常識的な態度を期待するのは虫が良すぎる。

これらに対して、国会では〝二馬力選挙運動〟の禁止など公職選挙法の小手先の規制で対応しようとしているが、イタチごっこだろう。供託金を大きく下げ、選挙期間に縛られず、いつでも自由に選挙運動ができるという、民主主義国家としてごく当たり前の常識的な選挙制度にすることが、本当の対策になる。そうすれば、短期決戦でこそ効果的な、刺激的で奇をてらった選挙運動は自然と下火になるだろう。選挙が、誰もが利用できる公共性を取り戻せば、それを金儲けのために切り売りする候補者への社会の風当たりも厳しくなるだろう。

選挙ポスターに品位を求めるなど、馬鹿げた話だ。政治や選挙は日本社会の写し鏡なのだ。規制で見せかけだけの品位を保つことに意味はない。わいせつ物陳列罪や名誉毀損罪、侮辱罪など既存の法律で、一般社会同様の取り締まりをすればいい。品位など、またしても主観的で曖昧なものを公職選挙法に取り込み、政治をこれ以上堅苦しい枠にはめ込むべきではない（個人的には、都知事選のジョーカー議員と投票率を上げる会の政見放送は、なかなかユーモアが効いていて面白かったと思う）。

衆議院選挙では、これだけの裏金スキャンダルでも政権交代は起こらないという、本書の予想が大方当たった。これがフランスであればどうだっただろう？　供託金がないので、どの野党も党躍進のチャンスを逃がすまいと、全ての選挙区に候補者を立てる。たとえ一つの選挙区に有力な野党候補が複数いても、決選投票制なので反自民党の票が割れて自民党が漁夫の利を得ることはない。姑息なキックバックの手法や、責任を擦り付け合う党幹部の情けない態度を、選挙期間に縛られない新人候補に加えて、政治をタブーとしないお笑い芸人が、笑いを交えて連日批判し追及する。現職の野党議員は裏金スキャンダルを追及する役割から解放されて、国会での政策論争に集中できる。政権交代が起こっただろう。これに対して、日本では少数与党に転落する程度に終わったのは、日本の有権者が問題を重要視していないというよりも、制度と文化に守られた部分が大きいと私たちは考えるが、皆さんはどうだろうか？

悪い事ばかりではない。動画配信等の更なる充実により、個別の政治家の政策や考え方を知ることは以前よりもずっと容易になったと感じる。とはいえ、ネットに不慣れな人たちや、ネットユーザーがフィルターバブルの落とし穴に落ちないためにも、中立的で優秀な司会者によるテレビでの討論会や、政策ビラの配布を、候補者任せにせず、行政側が責任をもって実行する必要性はますます高まっているだろう。それを怠れば、社会の分断を招きかねない。

今、私たちは民主主義という船で社会問題という荒波を乗り越えようとしている。100年前に積み込まれた「べからず法」という重荷を載せている余裕はもうない。政治を楽しむ文化の帆を張り、恐れず前へ進もう！

グットマン ティエリー（Guthmann, Thierry）
1970年フランス生まれ。フランス Aix-en-Provence 政治学院卒業。1995年来日。政治学博士（Aix-Marseille 大学／中央大学大学院）。2001年以降三重大学勤務。現在、人文学部教授。専門は現代日本政治。著書は『Nippon Kaigi (Political Nationalism in Contemporary Japan)』（Routledge, 2024）等。

グットマン 佳子（Guthmann, Yoshiko）
1972年広島県生まれ。中央大学法学部卒業。同大学院法学研究科博士課程修了。2008年、2016年、子供2人を現地公立学校に通わせながらフランスに2年間滞在。

だから、日本の政治はつまらない
――フランスとの比較でみる日本政治の構造的欠陥

2025年4月25日　初版第1刷発行

著者 ――グットマン ティエリー／グットマン 佳子
発行者 ―平田　勝
発行 ――花伝社
発売 ――共栄書房
〒101-0065　東京都千代田区西神田2-5-11出版輸送ビル2F
電話　03-3263-3813
FAX　03-3239-8272
E-mail　info@kadensha.net
URL　https://www.kadensha.net
振替 ――00140-6-59661
装幀 ――黒瀬章夫（ナカグログラフ）
印刷・製本― 中央精版印刷株式会社

ISBN978-4-7634-2170-8 C0031